SÜSSE LUST

SÜSSE LUST

100 DESSERTS FÜR GENIESSER

Philip Johnson

CHRISTIAN VERLAG

INHALT

Verrückt nach Schokolade 9
Warme Köstlichkeiten 31
Kühle Eleganz 57
Patisserie 93
Special Effects 127
Eiskalt & verführerisch 155
Grundrezepte 175
Glossar 187
Register 188

Mein Dank gilt vor allem meiner Ehefrau Shirley und meinem Sohn Oliver, die immer Verständnis dafür haben, wenn ich mehr Zeit in der Küche verbringe als mit meiner Familie.

Ich danke Tracey Rayner, meiner Managerin, Vertrauten, ungehorsamen Tochter und meinem Gewissen in einer Person – du bist für mich unentbehrlich!

Mein Dank geht an Kristie Rickman, die bei der Eröffnung des e'cco eine enthusiastische Auszubildende war und nun als hoch talentierte Patissière zurückgekehrt ist. Die Jungs in der Küche scherzen gern darüber, dass dieses Buch für mich bisher das einfachste gewesen sein muss.

An Matthias Andersson, meinen Chefkoch, der mit Nik, Sam und ihrem Team dafür sorgt, dass alles wie am Schnürchen läuft, wenn ich unterwegs bin.

An Tanya, Mel, Alan und das Serviceteam, denn mit gutem Essen allein kann kein Restaurant bestehen.

An Jared Fowler für die wunderbaren Fotos und an die Stylistin Cherise Koch für ihr Verständnis, wenn ich immer wieder meine Meinung änderte.

Schließlich bedanke ich mich noch ganz besonders bei Kay Scarlett und Juliet Rogers von Murdoch Books sowie bei meiner Redakteurin Katri Hilden und ihrem Team für ihre stete Unterstützung.

Ist das Kochen eine Wissenschaft oder eine Kunst? Über diese Frage streiten sich seit Langem die Geister. Die einfachste Antwort scheint mir zu sein, dass die Kunst dort beginnt, wo die Wissenschaft endet.

Ob das Geheimnis süßer Leckereien nun aber in der Kunst oder in der Alchemie zu finden ist – sie bereiten uns stets aufs Neue großen Genuss. Daran wurde ich einmal mehr erinnert, als ich vor Kurzem einen Eccles-Kuchen aß, einen Früchtekuchen aus Nordengland, wie ich ihn als kleiner Junge oft mit meiner Großmutter gebacken hatte.

Schon damals begann meine Leidenschaft für Desserts, und voller Begeisterung machte ich meine ersten Experimente mit einfachen, aber reichhaltigen Nachspeisen wie Sahnebaiser oder Schokoladenpudding. Jahre später beendete ich meine Ausbildung und lebte in London, wo ich viele meiner freien Tage in der Dessertküche des legendären Hotels Ritz verbrachte, um meine Kenntnisse zu erweitern. Die Erfahrungen, die ich dort sammelte, haben mich seither begleitet.

Desserts waren immer meine große Leidenschaft, und wäre es nach mir gegangen, hätte ich schon mein erstes Buch darüber geschrieben. Doch erst mit meinem fünften Kochbuch hat sich dieser lang gehegte Wunsch endlich realisiert. Als Küchenchef muss man eben immer das richtige Timing beherrschen.

Ebenso wie Vorspeisen und Hauptgerichte beruhen Desserts auf dem feinen Zusammenspiel verschiedener Texturen, Aromen und Temperaturen. Zudem lehren sie den Koch die Kunst der Zurückhaltung. Das klingt vielleicht wie ein Widerspruch, doch darf der letzte Gang keinesfalls das Gefühl erwecken, nie wieder etwas essen zu können. Vielmehr sollte er der perfekte Ausklang eines vollkommenen Essens sein.

In meinem Restaurant verwenden wir viel Zeit und Mühe auf die meisterhafte Zubereitung unserer Desserts. Doch einmal auf dem Teller, sprechen sie für sich selbst. Oft lobt man unsere Nachspeisen, weil sie so unkompliziert sind. Aber ebenso oft sind unsere Gäste überrascht von der reichen Kombination aus süßen, säuerlichen und exotischen Aromen.

Genau das reizt mich an der Kreation von Desserts. Ich kann experimentierfreudig sein, doch strebe ich gleichzeitig nach jener erlesenen Ausgewogenheit, die höchsten kulinarischen Genuss bereitet. Ich hoffe, dieses Buch trägt dazu bei, Ihnen viele solcher Momente zu bescheren.

Philip Johnson
e'cco

VERRÜCKT NACH SCHOKOLADE

Wer Schokolade liebt und ein wirklich unwiderstehliches Dessert zaubern möchte, sollte für die Rezepte auf den folgenden Seiten unbedingt Kuvertüre von bester Qualität verwenden. Kuvertüre ist für mich die Königin der Schokolade – aromatisch, dunkel glänzend und von wunderbarer Konsistenz, hat sie alles, was ein Schokoladendessert so unwiderstehlich macht.

Feiner Schokoladenkuchen mit Himbeeren und Sahne

Für 8 Personen

400 g Zartbitterschokolade von guter Qualität (etwa Kuvertüre), gehackt
6 Eier
100 g Muscovado-Zucker (unraffinierter Vollrohrzucker) oder ein anderer brauner Zucker
2 EL brauner Rum
250 ml Crème double

250 ml süße Sahne, steif geschlagen
frische Himbeeren zum Dekorieren
Puderzucker zum Bestäuben

Den Backofen auf 180 °C vorheizen. Eine Springform (26 cm Durchmesser) einfetten und mit Backpapier auskleiden.

Die Schokolade in einer hitzebeständigen Schüssel auf einen Topf mit köchelndem Wasser setzen und langsam schmelzen lassen. Ab und zu durchrühren, bis die Schokolade schön glatt und dickflüssig ist. Vom Herd nehmen und leicht abkühlen lassen.

Eier, Zucker und Rum ebenfalls in einer Schüssel im Wasserbad erwärmen und kräftig schlagen, bis sich das Volumen verdoppelt hat. Die abgekühlte Schokolade unterziehen, anschließend die Crème double. Die Masse in die vorbereitete Springform füllen.

Einen großen Topf zur Hälfte mit Wasser füllen und auf der untersten Schiene auf einem Rost in den Ofen schieben. (Das Wasser verdampft beim Backen, und der Kuchen bäckt schön gleichmäßig.)

Die Form in den Ofen schieben und die Masse 40 Minuten backen. Ein Holzstäbchen, das in die Mitte des Kuchens eingestochen wird, sollte sauber wieder herauskommen. Den Kuchen in der Form abkühlen lassen, dann vorsichtig auf ein Kuchengitter stürzen und auf eine Servierplatte geben.

Die geschlagene Sahne auf dem Kuchen verteilen, mit den Himbeeren dekorieren und mit Puderzucker bestäuben.

Schokoladen-Marquise mit Crème anglaise und Mandel-Tuiles

Für 8 Personen

200 g Butter, in Flöckchen
300 g Zartbitterschokolade von guter Qualität (etwa Kuvertüre), gehackt
500 ml süße Sahne
220 g Puderzucker, plus mehr zum Bestäuben
6 Eigelb
90 g Kakaopulver, gesiebt
2 EL Cointreau

Teigmasse für Tuiles (die Hälfte der angegebenen Menge von Seite 183)
55 g Mandelblättchen
1 Rezept Crème anglaise (siehe Seite 178)
100 g geschälte Pistazien, blanchiert, enthäutet und grob gehackt

Butter und Schokolade in einer hitzebeständigen Schüssel auf einen Topf mit köchelndem Wasser setzen und langsam schmelzen lassen. Ab und zu umrühren, bis die Mischung dickflüssig ist. Vom Herd nehmen und abkühlen lassen. In der Zwischenzeit die Sahne mit 4 EL Puderzucker steif schlagen. Beiseitestellen.

Mit dem Handrührgerät die Eigelbe und den restlichen Zucker hellgelb und schaumig schlagen. Das Kakaopulver und den Cointreau hinzufügen und alles gut vermischen. Anschließend die Schokoladenmischung und zum Schluss die geschlagene Sahne unterziehen.

Eine Kastenform (25 x 12 cm) mit kaltem Wasser ausspülen und mit Klarsichtfolie auskleiden, sodass diese rundum 4 cm über den Rand hängt. Die Marquise-Masse hineingießen und die Form leicht auf die Arbeitsfläche aufstoßen, um Luftblasen zu entfernen. Vorsichtig mit der überhängenden Folie bedecken und die Form über Nacht in den Kühlschrank stellen.

Den Backofen auf 160 °C vorheizen. Den Teig für die Tuiles vorbereiten (siehe Seite 183).

Auf ein Stück Backpapier 3 Kreise von je 10 cm Durchmesser zeichnen und das Papier umgedreht auf ein Backblech legen. Den Vorgang mit einem weiteren Stück Backpapier und einem weiteren Blech wiederholen.

Mit einem Teigschaber je eine dünne Schicht Teigmischung für die Tuiles auf die aufgezeichneten Kreise streichen. Im heißen Ofen 3–5 Minuten backen, bis die Teigränder goldbraun und die Mitte hellgolden sind. Herausnehmen, die Tuiles sofort mithilfe einer Palette ablösen und noch warm um ein Nudelholz legen. Die 3 Kreise sollten nebeneinander darauf Platz finden. Werden die Tuiles zu hart, um sie abzulösen, das Blech nochmals kurz in den Ofen schieben. Mit der übrigen Teigmischung ebenso verfahren. Das fertige Gebäck abkühlen lassen und in einem luftdichten Behälter aufbewahren.

Die Schokoladen-Marquise aus der Form auf ein Brett stürzen, die Klarsichtfolie entfernen. Ein Messer in heißem Wasser erwärmen und die Marquise in etwa 1,5 cm breite Streifen schneiden. Je 2 Scheiben auf Dessertteller geben, etwas Crème anglaise rundum verteilen, mit gehackten Pistazien bestreuen. Die Mandel-Tuiles mit Puderzucker bestäuben und mit der Schokoladen-Marquise servieren.

Knuspriges Sandwich mit Schokoladen-Haselnuss-Eiscreme

Für 8 Personen

1 Rezept Schokoladen-Haselnuss-Eiscreme (siehe Seite 164)

FÜR DEN FRANGELICO-SIRUP
250 g extrafeiner Zucker
100 ml frisch gepresster Orangensaft
100 ml Frangelico (Haselnusslikör)

FÜR DIE SCHOKOLADENWAFFELN
50 g weiche Butter
50 g extrafeiner Zucker
2 EL Glukosesirup
2 Eiweiß, leicht verschlagen
75 g Mehl
1 EL Kakaopulver

Puderzucker zum Bestäuben
40 g Haselnüsse, geröstet, enthäutet und grob gehackt

Die Schokoladen-Haselnuss-Eiscreme wie auf Seite 164 beschrieben zubereiten. Etwa 1 cm hoch in eine rechteckige Form füllen und ins Tiefkühlfach stellen.

Für den Frangelico-Sirup den Zucker und 125 ml Wasser in einem Topf bei mittlerer Temperatur erhitzen und dabei so lange rühren, bis sich der Zucker aufgelöst hat. Aufkochen und nun ohne zu rühren zu einem goldbraunen Karamell einkochen lassen. Sofort vom Herd nehmen und sehr vorsichtig (der heiße Karamell spritzt) den Orangensaft hineingießen. Nochmals erwärmen, den Likör hinzufügen und rühren, bis sich alles gleichmäßig verbunden hat. Ist der Sirup zu dick, ein wenig Wasser unterrühren. Abkühlen lassen und bis zur Verwendung im Kühlschrank aufbewahren.

Den Backofen auf 160 °C vorheizen. Zwei Backbleche einfetten und mit Backpapier auslegen.

Für die Schokoladenwaffeln Butter und Zucker in einer Schüssel mit dem Handrührgerät cremig rühren. Nun zuerst den Glukosesirup, dann die Eiweiße unterschlagen. Mehl und Kakaopulver in eine Schüssel sieben und nach und nach unter die Buttermischung ziehen. Die Teigmischung jeweils in einer dünnen, gleichmäßigen Schicht auf die vorbereiteten Bleche streichen und in 8–10 Minuten goldgelb backen.

Aus dem Ofen nehmen, die noch heißen Waffeln in 18 Quadrate von etwa 10 cm Kantenlänge schneiden und auf einem Kuchengitter auskühlen lassen. Bis zur Verwendung in einem luftdichten Behälter aufbewahren. (Die Waffeln müssen sofort geschnitten werden, da sie nach dem Auskühlen brechen.)

Die Eiscreme in 12 quadratische Stücke von etwa 8 cm Kantenlänge schneiden. Je eine Waffel auf einen Dessertteller legen, ein Stück Eiscreme, eine weitere Waffel und ein weiteres Stück Eiscreme daraufgeben. Mit einer dritten Waffel abschließen, mit Puderzucker bestäuben und gehackte Haselnüsse rundum verteilen. Zuletzt noch etwas Frangelico-Sirup auf die Teller träufeln.

Erdbeer-Schokoladen-Lollipops

Ergibt etwa 48 Stück

1/2 Rezept Erdbeersorbet (siehe Rezept für Fruchtsorbet auf Seite 158) oder fertiges Sorbet von guter Qualität
etwa 48 kleine Cocktailspieße aus Holz
300 g Zartbitterschokolade von guter Qualität (etwa Kuvertüre), gehackt

Zwei flache Auflaufformen oder Teller mit Backpapier auslegen.

Mit einem Kugelausstecher aus dem Sorbet kleine Kugeln formen und diese auf dem Backpapier verteilen. Als Stiel für die »Lollipops« in jede Sorbetkugel einen kleinen Cocktailspieß stecken. Über Nacht ins Tiefkühlfach stellen.

Die Schokolade in einer hitzebeständigen Schüssel auf einen Topf mit köchelndem Wasser setzen und langsam schmelzen lassen. Ab und zu durchrühren, bis die Schokolade schön glatt und dickflüssig ist. Vom Herd nehmen und auf Raumtemperatur abkühlen lassen.

Die Sorbetkugeln nacheinander in die Schokolade tauchen, sodass sie gleichmäßig umhüllt sind. Vorsichtig zurück auf das Backpapier setzen und erneut ins Tiefkühlfach geben, damit die Schokolade fest wird.

Die Lollipops 5–10 Minuten vor dem Servieren aus dem Tiefkühlfach nehmen. So wird das Sorbet unter dem Schokoladenmantel etwas weicher und zergeht köstlich auf der Zunge.

Gedämpfter Schokoladen-Rum-Pudding

Für 6 Personen

FÜR DIE SCHOKOLADENSAUCE
225 g Zartbitterschokolade von guter Qualität (etwa Kuvertüre), gehackt
50 g extrafeiner Zucker
100 ml süße Sahne

FÜR DEN SCHOKOLADEN-RUM-PUDDING
180 g Schokoladenbiskuit (gekauft oder selbst gebacken), fein zerkrümelt
90 g gemahlene Mandeln
35 g Kakaopulver
2 EL brauner Rum
150 g weiche Butter
140 g extrafeiner Zucker
6 Eier, getrennt
100 g Zartbitterschokolade von guter Qualität (etwa Kuvertüre), grob gerieben

süße Sahne zum Servieren

Für die Schokoladensauce Schokolade, Zucker und 350 ml Wasser in einem Topf mit schwerem Boden bei mittlerer Temperatur erhitzen. Dabei ununterbrochen mit einem Holzlöffel rühren, bis die Schokolade schmilzt und der Zucker sich auflöst. Aufkochen und bei geringer Hitze 10 Minuten köcheln lassen. Vom Herd nehmen, die Sahne unterrühren und die Sauce durch ein feines Sieb gießen. Vollständig abkühlen lassen und bis zur Verwendung zugedeckt im Kühlschrank aufbewahren.

Den Backofen auf 200 °C vorheizen. 6 Dariole- oder Soufflé-Förmchen (125 ml Fassungsvermögen) leicht einfetten.

Für den Pudding zerkrümelten Biskuit, Mandeln und Kakaopulver in einer großen Schüssel vermischen und mit dem Rum beträufeln. In einer zweiten Schüssel die Butter und 70 g Zucker mit dem Handrührgerät cremig rühren. Die Eigelbe nacheinander unterschlagen. Die Krümelmischung unterziehen und die geriebene Schokolade hinzufügen. (Die Schokolade schmilzt, wenn die Puddings gedämpft werden.)

Die Eiweiße steif schlagen, bis sich weiche Spitzen bilden. Nach und nach die restlichen 70 g Zucker unterschlagen und den steifen Eischnee vorsichtig unter die Biskuitmischung heben. Die Teigmasse sollte nun relativ fest sein.

Die vorbereiteten Förmchen mit dem Teig füllen und in eine hohe Fettpfanne stellen. Bis auf halbe Höhe der Förmchen kochend heißes Wasser in die Fettpfanne gießen. Ein großes Stück Backpapier darüberlegen und die Fettpfanne mit Alufolie abdecken. Im heißen Ofen 25–30 Minuten backen, bis die Masse auf Druck elastisch nachgibt.

Die Förmchen aus der Fettpfanne nehmen. Mit einem Messer jeweils am Rand entlangfahren und die Puddings auf ein Kuchengitter stürzen.

Die Schokoladensauce bei milder Hitze erwärmen. Die Puddings auf Teller setzen, mit der Sauce beträufeln und mit Sahne servieren.

Schokoladen-Kahlua-Torte

Für 8 Personen

225 g Zartbitterschokolade von guter Qualität (etwa Kuvertüre), gehackt
50 g Butter, in Flöckchen
2 EL löslicher Kaffee
50 g Rosinen
50 g Haselnüsse, geröstet, enthäutet und grob gehackt
60 ml Kahlua (Kaffeelikör)
150 ml süße Sahne, halbsteif geschlagen
250 g Löffelbiskuits, gehackt (siehe Tipp)

Kakaopulver zum Bestäuben

Eine Springform (26 cm Durchmesser) mit Klarsichtfolie auskleiden, sodass die Folie rundum 4 cm überhängt.

Schokolade und Butter in einer hitzebeständigen Schüssel auf einen Topf mit köchelndem Wasser setzen und langsam schmelzen lassen. Ab und zu durchrühren, bis die Mischung schön glatt und dickflüssig ist. Den Kaffee unterrühren, bis er sich auflöst. Vom Herd nehmen.

Rosinen, Haselnüsse und Kahlua gründlich untermischen, auf Raumtemperatur abkühlen lassen. Die geschlagene Sahne und die zerkleinerten Löffelbiskuits hinzufügen und die Mischung in die vorbereitete Form füllen. Die Oberfläche mit der Rückseite eines Löffels glatt streichen.

Mit der überhängenden Klarsichtfolie vorsichtig bedecken und die Form für mehrere Stunden, am besten über Nacht, in den Kühlschrank stellen.

Zum Servieren die Torte mit Kakaopulver bestäuben und in kleine Stücke schneiden.

TIPP: Am besten serviert man diese wunderbar reichhaltige Torte in kleinen Stückchen zum Kaffee. Sie können für dieses Rezept fertig gekaufte Löffelbiskuits verwenden oder selbst gebackene Savoiardi (siehe Seite 144).

Mandelbaisertorte mit Schokoladen-Espresso-Füllung

Für 8 Personen

FÜR DAS MANDELBAISER
9 Eiweiß
500 g extrafeiner Zucker
180 g gemahlene Mandeln

FÜR DIE SCHOKOLADEN-ESPRESSO-FÜLLUNG
250 ml heißer Espresso oder starker Kaffee
400 g Zartbitterschokolade von guter Qualität (etwa Kuvertüre), gehackt
6 Eier, getrennt
80 g extrafeiner Zucker

Kakaopulver zum Bestäuben
süße Sahne zum Servieren, halbsteif geschlagen

Den Backofen auf 120 °C vorheizen. Auf Backpapier 3 Kreise von 26 cm Durchmesser zeichnen und das Papier jeweils umgedreht auf 3 Backbleche verteilen.

Für das Mandelbaiser die Eiweiße mit dem Handrührgerät zu steifem Schnee schlagen. Nach und nach den Zucker zufügen. Die gemahlenen Mandeln unterziehen und die Baisermasse in einen Spritzbeutel mit glatter Tülle füllen.

Von der Mitte ausgehend die Masse in einer gleichmäßigen kreisenden Bewegung auf eines der Backbleche spritzen, bis der aufgezeichnete Kreis auf dem Backpapier gefüllt ist. Den Vorgang für die beiden anderen Bleche wiederholen. Die Baiserböden 40 Minuten backen, dann den Ofen ausschalten und die Böden noch etwa 1 Stunde im Ofen trocknen lassen.

Für die Schokoladen-Espresso-Füllung Espresso oder Kaffee und Schokolade in einem kleinen Topf bei mittlerer Temperatur erhitzen und dabei rühren, bis die Schokolade geschmolzen ist. Vom Herd nehmen und in eine große Schüssel füllen. Leicht abkühlen lassen und die Eigelbe unterschlagen.

Die Eiweiße mit dem Handrührgerät steif schlagen, bis sich weiche Spitzen bilden. Nach und nach den Zucker zufügen.

Die Hälfte des Eischnees vorsichtig unter die abgekühlte Schokoladenmischung heben. Den restlichen Eischnee gleichmäßig unterziehen und die Füllung in einem luftdicht verschlossenen Behälter bis zur Verwendung im Kühlschrank aufbewahren.

Um die Torte zusammenzusetzen, einen Baiserboden mit der Hälfte der Schokoladen-Espresso-Füllung bestreichen. Einen zweiten Boden daraufsetzen, mit der restlichen Füllung bestreichen und mit dem letzten Boden abschließen. Die Torte mit Kakaopulver bestäuben, in Stücke schneiden und mit einer großzügigen Portion halbsteif geschlagener Sahne servieren.

Schokoladen-Cointreau-Tarte

Für 8 Personen

450 g Zartbitterschokolade von guter Qualität (etwa Kuvertüre), gehackt
250 ml Vollmilch
225 g weiche Butter
175 g extrafeiner Zucker
2 Eigelb
60 ml Cointreau (ersatzweise Grand Marnier)
1 Mürbeteigboden von 24 cm Durchmesser, blindgebacken (siehe Seite 177)

Zartbitterschokolade von guter Qualität (etwa Kuvertüre), fein gehobelt, zum Garnieren
Kakaopulver zum Bestäuben

Schokolade und Milch in einem großen Topf mit schwerem Boden bei niedriger Temperatur erhitzen und dabei gelegentlich rühren, bis die Schokolade gerade geschmolzen ist. Vom Herd nehmen und zum Abkühlen beiseitestellen.

Mit dem Handrührgerät Butter und Zucker cremig rühren. Die Eigelbe nacheinander gründlich untermischen. Mit dem Schneebesen zuerst die abgekühlte Schokoladenmischung, dann den Cointreau einrühren.

Diese Schokoladenfüllung auf dem Mürbeteigboden verteilen. Die Tarte für mehrere Stunden in den Kühlschrank stellen, bis die Füllung fest geworden ist.

Zum Servieren den Kuchen auf Raumtemperatur bringen. (Sollte die Füllung zu weich werden, nochmals etwa 30 Minuten kalt stellen.) Die gehobelte Schokolade auf dem Kuchen verteilen, mit Kakaopulver bestäuben. Ein Messer in heißem Wasser erwärmen und damit die Tarte in Stücke schneiden.

Kleine Schokoladen-Fondants mit Minz-Schokoladen-Eiscreme

Für 6 Personen

200 g Zartbitterschokolade von guter Qualität (etwa Kuvertüre), gehackt
240 g Butter, in Flöckchen
4 Eier
90 g extrafeiner Zucker
30 g Mehl

Puderzucker zum Bestäuben
Minz-Schokoladen-Eiscreme (siehe Seite 173) zum Servieren

Zwei ofenfeste Formen mit Backpapier auslegen. 6 Metallringe (8 cm Durchmesser) einfetten, mit Backpapier auskleiden und in die vorbereiteten Formen setzen. Ersatzweise eignen sich Soufflé-Förmchen (185 ml Fassungsvermögen). Sie werden eingefettet und leicht mit Mehl bestäubt; überschüssiges Mehl abklopfen.

Schokolade und Butter in einer hitzebeständigen Schüssel auf einen Topf mit köchelndem Wasser setzen und langsam schmelzen lassen. Ab und zu durchrühren, bis die Mischung schön glatt und dickflüssig ist. Vom Herd nehmen und auf Raumtemperatur abkühlen lassen.

In einer weiteren Schüssel Eier und Zucker hellgelb und schaumig schlagen. Die abgekühlte Schokoladenmasse unterziehen, dann das Mehl unterheben. Den Teig in die vorbereiteten Ringe oder Förmchen füllen und für mindestens 2 Stunden in den Kühlschrank stellen. So bleiben die Fondants beim Backen innen weich.

Den Backofen auf 200 °C vorheizen. Die Fondants im heißen Ofen 10–12 Minuten backen, bis sie außen fest, im Innern aber noch flüssig sind. Herausnehmen und kurz ruhen lassen. Die noch heißen Fondants vorsichtig auf Teller stürzen oder in den Förmchen belassen. Mit Puderzucker bestäuben und sofort mit je 1 Kugel Minz-Schokoladen-Eiscreme servieren.

Sachertorte

Für 8 Personen

225 g Zartbitterschokolade von guter Qualität (etwa Kuvertüre), gehackt
9 Eier, getrennt
80 g extrafeiner Zucker
3 TL Weinbrand
225 g Butter, zerlassen
1 gehäufter EL extrafeiner Zucker
90 g Mehl
3 EL Kakaopulver
3/4 TL Backpulver

FÜR DIE SCHOKOLADEN-GANACHE
180 g Zartbitterschokolade von guter Qualität (etwa Kuvertüre), gerieben
125 ml süße Sahne

240 g Aprikosenmarmelade, erwärmt
frische Beeren zum Garnieren
halbsteif geschlagene süße Sahne zum Servieren

Den Backofen auf 160 °C vorheizen. Eine Springform (26 cm Durchmesser) einfetten und mit Backpapier auskleiden.

Die gehackte Schokolade in einer hitzebeständigen Schüssel auf einen Topf mit köchelndem Wasser setzen und langsam schmelzen lassen. Ab und zu durchrühren, bis die Schokolade schön glatt und dickflüssig ist. Vom Herd nehmen und leicht abkühlen lassen.

In einer weiteren Schüssel Eigelb, Zucker und Weinbrand hellgelb und schaumig schlagen. Die zerlassene Butter und die leicht abgekühlte Schokolade gründlich untermischen.

Die Eiweiße mit dem Handrührgerät steif schlagen, bis sich feste Spitzen bilden. 1 gehäuften EL Zucker unterschlagen.

Mehl, Kakaopulver und Backpulver in eine Schüssel sieben und unter die Schokoladenmischung ziehen. Zuletzt den Eischnee unterheben und den Teig in die vorbereitete Springform füllen. Im heißen Ofen 50–60 Minuten backen. Ein Holzstäbchen, das in die Mitte des Kuchens eingestochen wird, sollte sauber wieder herauskommen. Auf einem Kuchengitter vollständig auskühlen lassen.

In der Zwischenzeit die Schokolade für die Ganache in eine Schüssel geben. Die Sahne in einem Topf bei starker Hitze zum Kochen bringen und über die Schokolade gießen. So lange rühren, bis die Schokolade geschmolzen und eine dickflüssige, glänzende Ganache entstanden ist. Auf Raumtemperatur abkühlen lassen.

Die erkaltete Torte horizontal halbieren und die obere Hälfte als Boden umgedreht auf eine Servierplatte setzen. Mit der warmen Aprikosenmarmelade bestreichen und die zweite Hälfte vorsichtig daraufsetzen. Die Oberfläche und den Rand der Torte mithilfe einer Palette gleichmäßig mit der Ganache bestreichen.

Die Sachertorte in Stücke schneiden und mit frischen Beeren und Schlagsahne servieren.

Mousse aus weißer Schokolade mit Himbeersorbet und Himbeer-Tuiles

Für 6 Personen

200 g weiße Schokolade von guter Qualität (etwa Kuvertüre), gehackt
2 Eiweiß
50 g extrafeiner Zucker
380 ml süße Sahne, halbsteif geschlagen

ZUM SERVIEREN
1 Rezept Tuiles (siehe Seite 183)
Himbeer-Coulis (siehe Seite 183)
Balsamicosirup (siehe Seite 176)
Himbeersorbet (siehe Rezept für Fruchtsorbet auf Seite 158)
frische Himbeeren

Die gehackte Schokolade in einer hitzebeständigen Schüssel auf einen Topf mit köchelndem Wasser setzen und langsam schmelzen lassen. Ab und zu durchrühren, bis die Schokolade schön glatt und dickflüssig ist. Beiseitestellen und auf Raumtemperatur abkühlen lassen.

Die Eiweiße mit dem Handrührgerät steif schlagen, bis sich weiche Spitzen bilden. Nach und nach den Zucker hinzufügen.

Die abgekühlte Schokolade unter den Eischnee ziehen, dann die geschlagene Sahne unterheben. Die entstandene Mousse in eine Glas- oder Keramikschüssel füllen und zugedeckt für mehrere Stunden in den Kühlschrank stellen.

Bei der Zubereitung der Teigmasse für die Tuiles (siehe Seite 183) nach der Zugabe von Mehl und Eiweiß 1 EL Himbeer-Coulis hinzufügen. Den Teig ebenfalls für 1 Stunde kalt stellen, dann nach Rezeptangaben backen und formen.

Zum Servieren mit einem erwärmten Teelöffel 6 Dessertteller jeweils auf einer Seite mit etwas Balsamicosirup beträufeln und im rechten Winkel dazu einen Streifen Himbeer-Coulis hinzufügen (siehe Abbildung rechts). Mit einem großen Metalllöffel je 1 Portion der Schokoladen-Mousse in die Mitte der Teller setzen, je 1 Tuile daraufgeben und vorsichtig je 1 EL Himbeersorbet hineinsetzen. Zum Schluss einige frische Himbeeren auf den Tellern verteilen.

WARME KÖSTLICHKEITEN

Manche Speisen haben eine fast magische Wirkung und können uns in längst vergangene Zeiten zurückversetzen. Ein warmer Pudding an einem kalten Tag ist für mich immer wie eine Reise in die Vergangenheit. Doch die folgenden Desserts sind keineswegs nur etwas für den Winter. Sie passen in jede Jahreszeit, und einige schmecken an einem Sommertag sogar besonders gut.

Feigen-Tarte-Tatin mit Amaretto-Mascarpone

Für 6 Personen

1 Blätterteigboden (22 cm Durchmesser) von guter Qualität
150 g extrafeiner Zucker
1/4 TL Vanilleextrakt
80 ml Amaretto (Mandellikör)
12 große frische Feigen, Stielansätze entfernt
6 Amaretti (Mandelmakronen)
250 g Mascarpone

Eine Backform mit Backpapier auslegen. Den Blätterteig hineingeben und vor der Verwendung für 1 Stunde in den Kühlschrank stellen.

Den Backofen auf 200 °C vorheizen.

Den Zucker mit 50 ml Wasser in einem kleinen Topf bei mittlerer Temperatur erhitzen und dabei rühren, bis sich der Zucker aufgelöst hat. Aufkochen und nun ohne zu rühren kochen lassen, bis ein goldbrauner Karamell entstanden ist. Sofort vom Herd nehmen und vorsichtig (der heiße Karamell spritzt) den Vanilleextrakt und 40 ml Amaretto einrühren. Nochmals erwärmen und glatt rühren.

Den Karamell in eine flache feuerfeste Form oder Pfanne (22 cm Durchmesser) gießen. Die Feigen mit der Oberseite nach unten dicht an dicht darin verteilen. Den Blätterteig aus dem Kühlschrank nehmen, auf die Feigen legen und am Rand vorsichtig festdrücken. Im heißen Ofen 20 Minuten backen, bis die Feigen schön weich sind und der Blätterteig aufgegangen und goldgelb ist.

In der Zwischenzeit in einer Schüssel die Amaretti grob zerstoßen und mit dem restlichen Likör beträufeln. Sobald die Flüssigkeit aufgesogen ist, den Mascarpone untermischen. Ist die Mascarponecreme zu flüssig, mit dem Schneebesen leicht aufschlagen.

Die fertige Tarte Tatin aus dem Ofen nehmen. Etwas Karamell aus der Form in eine kleine Schüssel gießen und beiseitestellen. Eine große Servierplatte auf den Blätterteig setzen und die Tarte vorsichtig (der Karamell ist sehr heiß) auf die Platte stürzen. Den Kuchen in Stücke schneiden und auf Dessertteller verteilen. Je einen großen Klecks Mascarponecreme daraufgeben und mit etwas Karamell beträufeln.

Die Tarte Tatin schmeckt warm besonders gut, aber auch kalt ist sie ein großer Genuss.

Gebackene Pfirsiche mit Amaretti-Streuseln

Für 6 Personen

7 große reife, aber feste Pfirsiche, halbiert und entsteint
12 Amaretti (Mandelmakronen), grob zerstoßen
50 g Mandelblättchen
60 g extrafeiner Zucker, plus mehr zum Bestreuen
100 g weiße Schokolade von guter Qualität (etwa Kuvertüre), gehackt
2 Eigelb
abgeriebene Schale von $^1/_2$ unbehandelten Zitrone
2 EL Amaretto (Mandellikör)
125 ml leichter Dessertwein
einige Butterflöckchen
Crème double zum Servieren

Den Backofen auf 180 °C vorheizen. Eine große Auflaufform einfetten und 12 Pfirsichhälften mit der Schnittseite nach oben darin verteilen. Die restlichen 2 Pfirsichhälften fein würfeln und beiseitestellen.

Für die Streusel Amaretti, Mandelblättchen, Zucker und weiße Schokolade in einer Schüssel mischen. In einer zweiten Schüssel die Pfirsichwürfel mit Eigelb, Zitronenschale und Amaretto verrühren und unter die trockenen Zutaten ziehen.

Die Pfirsichhälften mit der Streusel-Mischung füllen und den Dessertwein darüberträufeln. Jeweils mit etwas Zucker bestreuen und mit Butterflöckchen belegen. Im heißen Ofen 20–30 Minuten backen, bis die Streusel goldgelb sind.

Je 2 Pfirsichhälften auf Dessertteller setzen, etwas ausgetretenen Saft aus der Form darüberträufeln und mit einem Klecks Crème double servieren.

Rhabarberbiskuit

Für 8 Personen

1 kg Rhabarber
frisch gepresster Saft von 1 Orange
170 g extrafeiner Zucker
1 Zimtstange
1 Vanilleschote, längs aufgeschnitten, Mark herausgekratzt
250 g weiche Butter
250 g extrafeiner Zucker
2 Eier
80 ml Vollmilch
250 g Mehl
1 gehäufter EL Backpulver
Puderzucker zum Bestäuben
süße Sahne zum Servieren

Den Backofen auf 160 °C vorheizen.

Den Rhabarber waschen, schälen, in 5–6 cm lange Stücke schneiden und auf einem Backblech verteilen. Orangensaft, Zucker, Zimtstange und Vanillemark in einer Schüssel verrühren, bis sich der Zucker aufgelöst hat, und über den Rhabarber gießen. Mit Alufolie abdecken und im heißen Ofen 20–25 Minuten backen, sodass der Rhabarber gerade gar ist. Beiseitestellen und abkühlen lassen.

Die Backofentemperatur auf 190 °C erhöhen. Den Rhabarber und etwas Flüssigkeit vom Blech in eine Auflaufform (30 cm x 25 cm) geben.

Für den Biskuit die Butter und 250 g Zucker mit dem Handrührgerät cremig rühren. Eier und Milch gründlich unterschlagen. Mehl und Backpulver in eine Schüssel sieben und unter die Buttermischung ziehen. Die Biskuitmasse mit einem Löffel auf dem Rhabarber verteilen. Im heißen Ofen 45 Minuten backen, bis die Oberfläche auf Druck elastisch nachgibt.

Aus dem Ofen nehmen. Jeweils einen großen Löffel von dem warmen Rhabarberbiskuit auf Dessertschälchen verteilen. Mit Puderzucker bestäuben und mit süßer Sahne servieren.

Arme Ritter mit frischen Kirschen und Mascarpone

Für 6 Personen

375 ml Vollmilch
6 Eier
12 Scheiben Brioche oder Weißbrot vom Vortag, jeweils etwa 1,5 cm dick, mit der Rinde
Butter zum Ausbacken

220 g Mascarpone
600 g frische Kirschen, entsteint, aber mit Stiel
125 ml Kirsch-Coulis (siehe Seite 180) zum Servieren
Puderzucker zum Bestäuben

Milch und Eier in einer flachen Schale verquirlen. Die Brioche- oder Brotscheiben 1–2 Minuten darin einweichen, sie dürfen aber nicht zerfallen.

In einer großen Pfanne mit Antihaftbeschichtung reichlich Butter zerlassen und die eingeweichten Scheiben darin bei mittlerer Hitze von beiden Seiten goldbraun ausbacken.

Je 2 Scheiben auf Dessertteller geben und einen großen Klecks Mascarpone daraufsetzen. Je 1 Handvoll Kirschen auf dem Mascarpone verteilen und mit etwas Kirsch-Coulis beträufeln. Zuletzt mit Puderzucker bestäuben und servieren.

Gedämpfter Zitronenpudding mit Crème-fraîche-Eiscreme

Für 6 Personen

5 Eier, getrennt
150 g extrafeiner Zucker
50 g Butter, zerlassen
300 ml Vollmilch
3 TL abgeriebene Schale von unbehandelten Zitronen
80 ml frisch gepresster Zitronensaft
90 g Mehl, mit 1 gestrichenen TL Backpulver vermischt und gesiebt
70 g extrafeiner Zucker

Puderzucker zum Bestäuben
Crème-fraîche-Eiscreme (siehe Seite 162) zum Servieren

Den Backofen auf 170 °C vorheizen.

Eine rechteckige (20 x 24 cm) oder runde Steingutbackform leicht einfetten.

In einer Schüssel die Eigelbe und den Zucker hellgelb und schaumig schlagen.

Butter, Milch, Zitronenschale und -saft sorgfältig einrühren. Das Mehl unterheben.

In einer zweiten Schüssel die Eiweiße mit dem Handrührgerät steif schlagen, bis sich feste Spitzen bilden, und nach und nach 70 g Zucker untermischen.

Ein Drittel des Eischnees gleichmäßig unter die Eigelbmischung rühren, dann die übrigen zwei Drittel Eischnee vorsichtig unterziehen. Die Masse in die vorbereitete Form füllen, in eine Fettpfanne stellen und diese bis zur halben Höhe der Form mit kochend heißem Wasser füllen. Im heißen Ofen 25–30 Minuten backen, bis der Pudding auf Druck elastisch nachgibt.

Den warmen Pudding in Dessertschälchen löffeln und mit Puderzucker bestäuben. Dazu Crème-fraîche-Eiscreme reichen.

Gewürzpudding mit Backpflaumen und Armagnac-Sauce

Für 6 Personen

180 ml kochend heißes Wasser
175 g heller Karamellsirup oder Glukosesirup
70 g weiche Butter
110 g extrafeiner Zucker
1 Ei
150 g Mehl
2 TL Backpulver
1/4 TL Salz
1 TL gemahlener Ingwer
1/4 TL gemahlener Zimt
je 1 kleine Prise gemahlene Gewürznelken und gemahlener weißer Pfeffer

FÜR DIE ARMAGNAC-SAUCE
250 g extrafeiner Zucker
125 ml Armagnac oder Cognac
125 ml süße Sahne
220 g entsteinte Backpflaumen, halbiert

halbsteif geschlagene süße Sahne zum Servieren

Den Backofen auf 180 °C vorheizen. 6 kleine Soufflé- oder Dariole-Förmchen (185 ml Fassungsvermögen) einfetten.

Das heiße Wasser und den Sirup verrühren, bis sich der Sirup aufgelöst hat. Beiseitestellen.

Butter und Zucker mit dem Handrührgerät cremig rühren, das Ei sorgfältig untermischen.

Mehl, Backpulver, Salz und gemahlene Gewürze in eine Schüssel sieben und unter die Buttermischung ziehen. Zuletzt den aufgelösten Sirup unterschlagen, bis eine glatte, relativ feuchte Masse entstanden ist.

Die vorbereiteten Förmchen etwa zu zwei Dritteln mit der Puddingmischung füllen. Auf einem Backblech verteilen und im heißen Ofen 12–18 Minuten backen, bis der Teig auf Druck elastisch nachgibt.

Für die Armagnac-Sauce den Zucker mit 125 ml Wasser in einem kleinen Topf bei mittlerer Temperatur unter Rühren erhitzen, bis sich der Zucker aufgelöst hat. Aufkochen und nun ohne zu rühren kochen lassen, bis ein goldbrauner Karamell entstanden ist. Sofort vom Herd nehmen und sehr vorsichtig (der heiße Karamell spritzt) den Armagnac einrühren. Erneut auf den Herd stellen und glatt rühren. Süße Sahne und Backpflaumen hinzufügen, die Sauce bis fast zum Siedepunkt erhitzen und sofort vom Herd nehmen.

Die warmen Puddings auf Dessertteller stürzen und die Backpflaumen mit der Armagnac-Sauce darüber verteilen. Mit einem Klecks Schlagsahne servieren.

Gedämpfter Quitten-Ingwer-Pudding

Für 6 Personen

160 g weiche Butter
160 g extrafeiner Zucker
3 Eier, leicht verschlagen
60 ml Vollmilch
230 g Mehl
3 TL Backpulver
1 TL gemahlener Ingwer
Salz
1 große Quitte, geviertelt und pochiert (siehe Seite 181), gewürfelt
60 g kandierter Ingwer, grob gehackt
süße Sahne zum Servieren

Den Backofen auf 200 °C vorheizen. 6 kleine Soufflé- oder Dariole-Förmchen (185 ml Fassungsvermögen) leicht einfetten und am Boden mit kleinen Quadraten aus Backpapier auslegen.

Butter und Zucker mit dem Handrührgerät cremig rühren. In einer zweiten Schüssel die Eier mit der Milch verquirlen.

Mehl, Backpulver, gemahlenen Ingwer und 1 Prise Salz in eine Schüssel sieben. Abwechselnd etwas Mehl- und etwas Eiermischung unter die Buttermasse ziehen.

Die Quittenwürfel mit dem kandierten Ingwer vermischen und gleichmäßig auf die vorbereiteten Förmchen verteilen. Die Puddingmasse darübergeben, sodass die Förmchen schließlich zu zwei Dritteln gefüllt sind.

Jedes Förmchen zunächst mit Backpapier, dann mit Alufolie bedecken. In einer großen Fettpfanne verteilen und bis zur halben Höhe der Förmchen kochend heißes Wasser auffüllen.

Im heißen Ofen 30–40 Minuten backen, bis die Puddings auf Druck elastisch nachgeben.

Die Förmchen aus der Fettpfanne nehmen, mit einem kleinen scharfen Messer jeweils am Rand entlangfahren, um die Puddings zu lösen. Einzeln auf Dessertteller stürzen, mit etwas Sahne beträufeln und noch warm servieren.

Gedämpfter Ingwer-Orangen-Pudding mit Crème anglaise

Für 6 Personen

120 g weiche Butter
110 g extrafeiner Zucker
2 Eier, leicht verschlagen
2 EL Vollmilch
175 g Mehl, mit 1 TL Backpulver vermischt und gesiebt
1 TL gemahlener Ingwer
Salz
100 g Orangenmarmelade, Schalenstücke grob gehackt
60 g kandierter Ingwer, grob gehackt

FÜR DIE CRÈME ANGLAISE
150 g extrafeiner Zucker
6 Eigelb
1 Vanilleschote, längs aufgeschnitten, Mark herausgekratzt
500 ml süße Sahne

160 g Orangenmarmelade, mit 2 EL kochendem Wasser verdünnt

Den Backofen auf 200 °C vorheizen. 6 kleine Soufflé- oder Dariole-Förmchen (Fassungsvermögen 185 ml) leicht einfetten und am Boden mit kleinen Quadraten aus Backpapier auslegen.

In einer Schüssel Butter und Zucker mit dem Handrührgerät cremig rühren. In einer zweiten Schüssel die Eier mit der Milch verquirlen und unter die Buttermischung rühren.

Mehl, gemahlenen Ingwer und 1 Prise Salz in eine Schüssel sieben und unter die Puddingmischung ziehen. Zuletzt Orangenmarmelade und kandierten Ingwer untermischen. In die vorbereiteten Förmchen füllen, jedes Förmchen zuerst mit 1 Stück Backpapier und dann mit Alufolie bedecken. In einer großen Fettpfanne verteilen und bis zur halben Höhe der Förmchen kochend heißes Wasser auffüllen. Im heißen Ofen 30–40 Minuten backen, bis die Puddings auf Druck elastisch nachgeben.

Die Förmchen herausnehmen, mit einem kleinen scharfen Messer jeweils am Rand entlangfahren und die Puddings auf ein Kuchengitter stürzen.

Für die Vanillesauce die Eigelbe und den Zucker hellgelb und schaumig schlagen. Das Vanillemark in einen Topf mit schwerem Boden geben. Vanilleschote und süße Sahne hinzufügen und bis fast zum Siedepunkt erhitzen. Vom Herd nehmen und die heiße Sahne unter die Eigelbmischung schlagen. In einen sauberen Topf füllen. Bei mittlerer Temperatur erhitzen und mit einem Holzlöffel so lange rühren, bis die Creme eindickt. Sie ist fertig, wenn sie die Rückseite des Löffels gleichmäßig überzieht. Auf keinen Fall kochen lassen, sonst gerinnt sie! In diesem Fall den Topf sofort vom Herd nehmen und in eine große Schüssel Eiswasser stellen. Die fertige Crème anglaise durch ein feines Sieb in eine saubere Schüssel gießen. Die Oberfläche mit einem Stück Klarsichtfolie bedecken, damit sich keine Haut bildet. Warm halten.

Die warmen Puddings auf Dessertschälchen verteilen, etwas Crème anglaise dazugießen, mit Marmelade dekorieren und servieren.

Nektarinen mit feiner Teigkruste

Für 6 Personen

8 große oder 10 mittelgroße feste, aber reife Nektarinen, halbiert und entsteint
extrafeiner Zucker zum Bestreuen
220 g Mehl
$2^1/_2$ TL Backpulver
Salz
80 g extrafeiner Zucker
60 g weiche Butter
65 g Mandelblättchen
300 ml süße Sahne, plus mehr zum Servieren

Den Backofen auf 170 °C vorheizen. Eine flache Auflaufform (20 cm Durchmesser) einfetten.

Die Nektarinen mit der Schnittseite nach oben in der Form verteilen und mit etwas Zucker bestreuen.

Mehl, Backpulver und 1 Prise Salz in eine Schüssel sieben und 80 g Zucker untermischen. Mit den Händen die Butter einarbeiten, bis eine feinkrümelige Masse entsteht. Die Mandelblättchen hinzugeben und die Sahne unterrühren. Den recht weichen Teig mit einem Esslöffel auf den Nektarinen verteilen und mit etwas Zucker bestreuen. Im heißen Ofen 30–35 Minuten backen, bis die Kruste goldbraun ist. Warm oder bei Raumtemperatur mit Schlagsahne servieren.

Clafoutis mit Kirschen und Mandeln

Für 6 Personen

100 g Mehl
70 g extrafeiner Zucker
4 Eier, getrennt
500 ml Vollmilch
½ Vanilleschote, längs aufgeschnitten, Mark herausgekratzt
300 g Kirschen, entsteint, Stängel entfernt
brauner Rohrzucker zum Bestreuen
30 g Mandelblättchen
Butterflöckchen
Puderzucker zum Bestäuben
Vanilleeiscreme (siehe Seite 162) oder halbsteif geschlagene süße Sahne zum Servieren

Den Backofen auf 180 °C vorheizen. Eine flache Auflaufform (26 cm Durchmesser) einfetten.

Mehl und Zucker in eine große Schüssel sieben. In einer zweiten Schüssel Eigelb, Milch und Vanillemark verquirlen. Eine Mulde in die Mehlmischung drücken, die Eigelbmischung hineingießen und unterrühren.

Die Eiweiße mit dem Handrührgerät steif schlagen, bis sich feste Spitzen bilden, und unterheben. Den Teig in die vorbereitete Form füllen. Mit den Kirschen belegen (sie sinken in den Teig ein) und großzügig mit Rohrzucker und Mandelblättchen bestreuen. Zuletzt die Butterflöckchen auf dem Teig verteilen. Im heißen Ofen in 20 Minuten goldgelb backen.

Mit Puderzucker bestäuben und am besten warm mit Vanilleeiscreme oder Schlagsahne servieren.

Gebackene Ananas mit Vanilleeiscreme

Für 6 Personen

1 TL ganze schwarze Pfefferkörner
250 g extrafeiner Zucker
80 ml brauner Rum
2 Vanilleschoten, längs aufgeschnitten, Mark herausgekratzt
6 Scheiben frische Ananas, jeweils 2 cm dick

Vanilleeiscreme (siehe Seite 162) zum Servieren
1 kleine Handvoll frische Minzeblättchen

Die Pfefferkörner in einem Mörser mittelfein zerstoßen (in der Pfeffermühle wird der Pfeffer zu fein).

Den Zucker und 100 ml Wasser in einem kleinen Topf bei mittlerer Temperatur erhitzen und dabei rühren, bis sich der Zucker aufgelöst hat. Zum Kochen bringen und nun ohne zu rühren kochen lassen, bis ein goldbrauner Karamell entstanden ist. Sofort vom Herd nehmen und sehr vorsichtig (der heiße Karamell spritzt) den Rum und das Vanillemark hineingeben. 100 ml Wasser dazugießen, erneut auf den Herd stellen und den Karamell glatt rühren.

Den warmen Karamell in eine weite Pfanne gießen. Die Ananasscheiben von beiden Seiten mit Pfeffer bestreuen und in den Karamell legen. Bei mittlerer Hitze in der Pfanne garen und dabei regelmäßig wenden, bis die Ananas weich und intensiv goldgelb ist. Wird der Karamell zu dick oder dunkel, noch etwas Wasser hinzugießen.

Die Ananasscheiben mit einem Schaumlöffel aus der Pfanne heben und auf Dessertteller verteilen. Den Karamell darüberträufeln, je 1 Kugel Vanilleeiscreme daraufsetzen und mit frischen Minzeblättchen bestreuen. Sofort servieren.

Gestürzter Birnen-Ingwer-Kuchen

Für 6 Personen

100 g weiche Butter
230 g brauner Zucker
3 reife, aber feste Birnen, ungeschält, entkernt und in je 8 Spalten geschnitten
180 g Mehl, gesiebt
230 g extrafeiner Zucker
2 TL Backpulver
1 TL gemahlener Ingwer
je 1 kräftige Prise gemahlener Zimt und Lebkuchengewürz
Salz
2 Eier, leicht verquirlt
85 ml Kondensmilch
1 TL Vanilleextrakt
100 g kandierter Ingwer, fein gewürfelt
120 g Butter, zerlassen

FÜR DEN KARAMELL
230 g extrafeiner Zucker
40 g Butter, in Flöckchen

weicher Ricotta zum Servieren

Den Backofen auf 170 °C vorheizen. Eine runde Kuchenform (24 cm Durchmesser) einfetten, mit etwas Mehl bestäuben und überschüssiges Mehl wieder herausklopfen.

Mit dem Handrührgerät 100 g Butter und den braunen Zucker cremig rühren. Die Masse in die Form füllen und mit der Rückseite eines Löffels gleichmäßig auf dem Boden festdrücken. Die Birnenspalten fächerartig darauf verteilen.

Mehl, Zucker, Backpulver, gemahlene Gewürze sowie 1 Prise Salz in einer Schüssel vermischen und eine Mulde in die Mitte drücken.

In einer zweiten Schüssel Eier, Kondensmilch, Vanilleextrakt, kandierten Ingwer und 60 ml Wasser kräftig verquirlen. Mit der zerlassenen Butter zu der Mehlmischung geben und alles zu einem glatten dickflüssigen Teig verrühren.

Die Masse über die Birnen in die Form gießen. Im heißen Ofen 1 Stunde backen, bis der Kuchen auf Druck elastisch nachgibt. Aus dem Ofen nehmen und 15–20 Minuten in der Form abkühlen lassen.

Für den Karamell 230 g Zucker mit 60 ml Wasser in einem kleinen Topf bei mittlerer Temperatur erhitzen und dabei so lange rühren, bis sich der Zucker aufgelöst hat. Aufkochen und nun ohne zu rühren kochen lassen, bis ein goldbrauner Karamell entstanden ist. Sofort vom Herd nehmen und sehr vorsichtig (der heiße Karamell spritzt) etwas kaltes Wasser dazugießen, damit der Karamell nicht weiterkocht.

Den Topf bei mittlerer Temperatur zurück auf den Herd stellen, nach und nach die Butterflöckchen unterschlagen und den Karamell glatt rühren. Vom Herd nehmen und beiseitestellen.

Den Kuchen vorsichtig auf ein Brett stürzen und in Stücke schneiden. Auf Dessertteller verteilen, je einen Klecks Ricotta hinzugeben, mit dem Karamell beträufeln und warm servieren.

Dattel-Walnuss-Pudding mit Karamellsauce

Für 8 Personen

260 g frische Datteln, entsteint und grob gehackt
$1^1/_2$ TL Natron
90 g weiche Butter
260 g extrafeiner Zucker
1 TL Vanilleextrakt
3 Eier
260 g Mehl, mit 2 TL Backpulver vermischt
90 g gehackte Walnüsse

FÜR DIE KARAMELLSAUCE
250 g extrafeiner Zucker
250 ml süße Sahne, erwärmt

Crème double zum Servieren

Den Backofen auf 180 °C vorheizen. Eine feuerfeste runde Form (26 cm Durchmesser) aus Glas oder Keramik leicht einfetten.

Die Datteln und 450 ml Wasser in einem Topf aufkochen. Vom Herd nehmen und das Natron einrühren. Zum Abkühlen beiseitestellen.

Mit dem Handrührgerät Butter und Zucker cremig rühren. Zuerst den Vanilleextrakt, dann die Eier nacheinander unterschlagen. 130 g Mehl, die Datteln mit der Flüssigkeit und die Walnüsse hinzugeben und alles gut vermischen. Nach und nach das restliche Mehl nur leicht unterarbeiten.

Den Teig in die vorbereitete Form füllen und im heißen Ofen 50–60 Minuten backen, bis der Pudding auf Druck elastisch nachgibt.

Während der Pudding bäckt, die Karamellsauce herstellen. Dafür in einem kleinen Topf den Zucker und 60 ml Wasser bei mittlerer Temperatur erhitzen und dabei rühren, bis sich der Zucker aufgelöst hat. Aufkochen und nun ohne zu rühren kochen lassen, bis ein hellgoldener Karamell entsteht. Sofort vom Herd nehmen und sehr vorsichtig (der heiße Karamell spritzt) die süße Sahne einrühren. Zurück auf den Herd geben und die Karamellsauce glatt rühren. Beiseitestellen und warm halten.

Den warmen Pudding mit einem großen Löffel auf Dessertschälchen verteilen. Mit der warmen Karamellsauce begießen und mit einem Klecks Crème double servieren.

Scheiterhaufen mit Pfirsichen und weißer Schokolade

Für 6 Personen

6 Eier
250 g extrafeiner Zucker
1 l süße Sahne
1 TL Vanilleextrakt
12 Scheiben Weißbrot, jeweils etwa 1,5 cm dick, Rinde weggeschnitten
etwas zerlassene Butter zum Bestreichen
5 gelbe Pfirsiche, entsteint, in Spalten geschnitten
150 g weiße Schokolade von guter Qualität, grob gerieben
Puderzucker zum Bestäuben
Crème double zum Servieren

Den Backofengrill vorheizen. Die Weißbrotscheiben von beiden Seiten mit der zerlassenen Butter bestreichen und unter dem heißen Grill beidseitig goldbraun rösten.

Den Backofen auf 140 °C vorheizen. In einer großen Schüssel Eier, Zucker, süße Sahne und Vanilleextrakt verquirlen. Die Mischung durch ein feines Sieb gießen und beiseitestellen.

Die gerösteten Brotscheiben in einer rechteckigen oder runden Backform aus Steingut (20–24 cm) verteilen. Ein Drittel der Eiermischung darübergießen, mit den Pfirsichspalten belegen und mit der weißen Schokolade bestreuen. Ein weiteres Drittel der Eiermischung darübergießen und alles 5 Minuten durchziehen lassen. Nun die restliche Flüssigkeit darübergießen, sodass die Brotscheiben sich schön vollsaugen.

Die Form in einen großen Topf stellen und diesen bis zur halben Höhe der Form mit kochend heißem Wasser füllen. Den Scheiterhaufen im heißen Ofen 50–55 Minuten backen, bis er goldgelb und fest ist.

Den noch warmen Scheiterhaufen auf Dessertteller löffeln. Mit Puderzucker bestäuben und mit einem Klecks Crème double servieren.

KÜHLE ELEGANZ

Was mich in der Küche immer wieder inspiriert, sind die einfachen, unverfälschten Rezepte. Auch wenn die Desserts im folgenden Kapitel weder besonders kompliziert noch aufwendig herzustellen sind, werden sie ihre Wirkung nicht verfehlen. Ihre wunderbaren Aromen, feinen Texturen und die klare Ästhetik machen sie zu eleganten Klassikern.

Apfelgelee und Calvados-Panna-cotta

Für 6–8 Personen

FÜR DAS APFELGELEE
$1^1/_2$ EL extrafeiner Zucker
500 ml Apfelsaft
1 TL Calvados (ersatzweise Weinbrand)
3 Blatt Gelatine, in kaltem Wasser eingeweicht und ausgedrückt

FÜR DIE CALVADOS-PANNA-COTTA
100 ml süße Sahne
60 ml Vollmilch
2 EL extrafeiner Zucker
1 EL Calvados (ersatzweise Weinbrand)
1 Blatt Gelatine, in kaltem Wasser eingeweicht und ausgedrückt

Apfelchips (siehe Rezept für Sorbet aus grünen Äpfeln auf Seite 156)
extrafeiner Zucker zum Bestäuben

Für das Apfelgelee den Zucker und 250 ml Apfelsaft in einem Topf bei mittlerer Temperatur erhitzen und dabei rühren, bis sich der Zucker aufgelöst hat. Aufkochen, die Hitze reduzieren und die Flüssigkeit um die Hälfte einkochen lassen.

Den restlichen Apfelsaft hinzugießen und die Flüssigkeit nochmals um ein Drittel reduzieren. Den Calvados unterrühren, die ausgedrückte Gelatine hineingeben und weiterrühren, bis sie sich vollständig auflöst.

6–8 kleine Gläser jeweils zu zwei Dritteln mit dem heißen Gelee füllen. Für einige Stunden in den Kühlschrank stellen, bis das Gelee fest ist.

Für die Calvados-Panna-cotta süße Sahne, Milch und Zucker in einem kleinen Topf bei mittlerer Temperatur unter Rühren heiß werden lassen, bis sich der Zucker aufgelöst hat. Bis fast zum Siedepunkt erhitzen und vom Herd nehmen. Den Calvados und die ausgedrückte Gelatine unterrühren, bis sie sich vollständig aufgelöst hat. Zum Abkühlen beiseitestellen.

Die Mischung vorsichtig auf das Gelee in die Gläser füllen und nochmals für einige Stunden kalt stellen, bis die Panna cotta fest ist.

Das Apfelgelee mit Calvados-Panna-cotta kann zusammen mit Apfelchips vor dem eigentlichen Dessert serviert werden. Es harmoniert aber auch gut mit anderen Apfeldesserts, etwa Apfelkuchen, Apfelstrudel oder Bratäpfeln.

Passionsfruchteiscreme mit Sesamwaffeln

Für 6 Personen

1 Rezept Passionsfruchteiscreme (siehe Seite 163)
6 Passionsfrüchte, halbiert, das Fruchtfleisch herausgekratzt
1–2 TL Puderzucker

18 Sesamwaffeln (siehe Seite 184)
Puderzucker zum Bestäuben (nach Belieben)

Die Eiscreme wie auf Seite 163 beschrieben zubereiten, in einen 1 cm tiefen Behälter füllen und ins Tiefkühlfach stellen.

Das Fruchtfleisch der Passionsfrüchte mit den Samen nach Geschmack mit 1–2 TL Puderzucker mischen. Kurz durchmixen, um die Samen vom Fruchtfleisch zu lösen, durch ein feines Sieb streichen und einige Samen wieder hinzugeben.

Mit einer runden Ausstechform (8 cm Durchmesser) aus der Eiscreme 12 Kreise ausstechen. Auf 6 Dessertteller je 1 Sesamwaffel geben, 1 Eiscremescheibe daraufsetzen. Darauf wiederum 1 Waffel und Eiscreme setzen und mit einer dritten Waffel abschließen. Etwas Passionsfruchtsirup um das Dessert träufeln und nach Belieben ein wenig Puderzucker darüberstäuben.

Honigparfait mit karamellisierten Pflaumen und Pistazien

Für 8 Personen

250 ml Vollmilch
90 g Honig
1 Vanilleschote, längs aufgeschnitten, Mark herausgekratzt
6 Eigelb
100 g extrafeiner Zucker
350 ml süße Sahne
10 reife, aber feste Pflaumen, halbiert und entsteint

extrafeiner Zucker zum Bestreuen
40 g ungesalzene Pistazienkerne, blanchiert und enthäutet

Milch, Honig, Vanilleschote und -mark in einem Topf bei mittlerer Temperatur erhitzen und rühren, bis sich der Honig aufgelöst hat. Aufkochen und vom Herd nehmen.

Eigelb und Zucker in einer Schüssel verquirlen. Die heiße Milchmischung unterschlagen. Das Ganze in einen sauberen Topf füllen und bei mittlerer Temperatur erneut erwärmen.

Mit einem Holzlöffel ununterbrochen rühren, bis die Flüssigkeit dick genug ist, um den Löffelrücken gleichmäßig zu überziehen. Darauf achten, dass die Creme nicht zu kochen beginnt. Durch ein feines Sieb in eine Schüssel gießen. Mit dem Handrührgerät auf mittlerer Stufe schlagen, bis die Creme abgekühlt ist. Zum vollständigen Erkalten in den Kühlschrank stellen.

Die Sahne steif schlagen. Portionsweise mit dem Schneebesen vorsichtig unter die Eiercreme ziehen, sodass sie nicht zusammenfällt.

Eine Kastenform (28 x 10 x 8 cm) mit Klarsichtfolie auskleiden und die Folie an allen Seiten etwa 4 cm überhängen lassen. Die Parfaitmischung in die Form füllen und die Form leicht auf die Arbeitsfläche aufstoßen, um Luftblasen zu entfernen. Die überhängende Folie vorsichtig über die Parfaitmischung legen und diese über Nacht im Tiefkühlfach gefrieren lassen.

Den Backofengrill auf mittlerer Stufe vorheizen. Die Schnittseiten der Pflaumen großzügig mit Zucker bestreuen und die Früchte auf einem Backblech verteilen. 6–8 Minuten unter den heißen Grill schieben, bis der Zucker karamellisiert ist.

Das Parfait auf ein Brett stürzen, die Folie entfernen. Mit einem in heißem Wasser erwärmten Messer das Parfait in etwa 1,5 cm dicke Scheiben schneiden. Je 2 Scheiben Parfait auf Dessertteller geben, einige Pflaumenhälften darauf verteilen und mit dem ausgetretenen Pflaumensaft beträufeln. Mit Pistazienkernen bestreuen und servieren.

Krokant-Semifreddo mit frischen Himbeeren

Für 8 Personen

100 g extrafeiner Zucker
100 g Haselnüsse, geröstet und enthäutet
180 g extrafeiner Zucker
5 Eiweiß
280 ml süße Sahne, halbsteif geschlagen
50 ml Frangelico (Haselnusslikör)

Himbeer-Coulis (siehe Seite 183) zum Servieren
frische Himbeeren zum Servieren

Ein Backblech einfetten und mit Backpapier auslegen.

100 g Zucker in einen Topf mit schwerem Boden geben und knapp mit Wasser bedecken. Bei mittlerer Temperatur unter Rühren erhitzen, bis sich der Zucker aufgelöst hat. Aufkochen und nun ohne zu rühren kochen lassen, bis ein goldbrauner Karamell entstanden ist. Sofort vom Herd nehmen und die Haselnüsse dazugeben. Die Mischung zügig auf das vorbereitete Blech gießen und mit der Rückseite eines in heißem Wasser erwärmten Löffels glatt streichen. Vollständig abkühlen lassen.

Den ausgekühlten Krokant grob zerbrechen und im Mörser oder in der Küchenmaschine fein zerkleinern. Beiseitestellen, 2 EL Krokant zum Garnieren in eine separate Schale geben.

185 g Zucker mit 100 ml Wasser in einem Topf mit schwerem Boden bei mittlerer Temperatur erhitzen und dabei rühren, bis sich der Zucker aufgelöst hat. Aufkochen und bei reduzierter Hitze 15–20 Minuten unter ständigem Rühren köcheln lassen, bis das Zuckerthermometer eine Temperatur von 120 °C anzeigt und sich kleine Ballen bilden lassen (siehe Seite 187).

Die Eiweiße mit dem Handrührgerät steif schlagen, bis sich feste Spitzen bilden. Hat der Sirup 120 °C erreicht, diesen in einem gleichmäßigen dünnen Strahl zum Eischnee gießen und dabei weiterschlagen, bis die Mischung abgekühlt ist. Nun die halbsteif geschlagene Sahne, den Frangelico und den Krokant mit einem Schneebesen vorsichtig unterziehen.

Eine Kastenform (28 x 10 x 8 cm) mit Klarsichtfolie auskleiden und die Folie an allen Seiten etwa 4 cm überhängen lassen. Die Eismischung in die Form füllen und die Form auf die Arbeitsfläche aufstoßen, um Luftblasen zu entfernen. Die überhängende Folie vorsichtig über die Mischung legen und diese über Nacht im Tiefkühlfach gefrieren lassen.

Das Semifreddo auf ein Brett stürzen, die Folie entfernen. Mit einem in heißem Wasser erwärmten Messer etwa 1,5 cm dicke Scheiben abschneiden. Jeweils 2 Scheiben auf Dessertteller geben und mit dem zurückbehaltenen Krokant bestreuen. Rundum etwas Himbeer-Coulis auf die Teller träufeln und mit frischen Himbeeren servieren.

Crema catalana mit Safran

Für 6 Personen

1 l Crème double
1 Vanilleschote, längs aufgeschnitten, Mark herausgekratzt
1 kräftige Prise Safranfäden, in 1 EL kochend heißem Wasser eingeweicht
1 Zimtstange
abgeriebene Schale von 1 unbehandelten Orange, in dünnen Streifen abgeschält
12 Eigelb
130 g extrafeiner Zucker

extrafeiner Zucker zum Bestreuen
etwa 20 Biscotti (siehe Seite 176) zum Servieren

Crème double, Vanilleschote und -mark, Safranfäden und Einweichwasser, Zimtstange und Orangenschale in einem großen Topf aufkochen. Vom Herd nehmen, beiseitestellen und 15 Minuten ziehen lassen.

Die Mischung durch ein feines Sieb in einen sauberen Topf gießen. Erneut aufkochen und wieder vom Herd nehmen.

In einer großen Schüssel Eigelb und Zucker leicht verquirlen und die heiße Sahnemischung mit dem Schneebesen unterschlagen. In einen sauberen Topf füllen und bei mittlerer Temperatur erhitzen.

Mit einem Holzlöffel ununterbrochen rühren, bis die Flüssigkeit dick genug ist, um den Löffelrücken gleichmäßig zu überziehen. Die Creme darf dabei nicht aufkochen. Durch ein feines Sieb gießen. In 6 rechteckige oder runde flache Schälchen (10 cm Durchmesser) füllen und am besten über Nacht kalt stellen, damit die Creme schön fest werden kann.

Zum Servieren die einzelnen Portionen großzügig mit Zucker bestreuen und diesen mit einem Bunsenbrenner oder unter dem sehr heißen Backofengrill karamellisieren lassen. Die Crema catalana mit den Biscotti servieren.

Erdbeer-Trifle

Für 8 Personen

1 kleiner Biskuitboden (etwa 150 g)
200 ml süßer Sherry
1 Päckchen (85 g) Erdbeergötterspeise
1 Päckchen Vanillepuddingpulver
500 ml Vollmilch
70 g extrafeiner Zucker

500 g Erdbeeren, Stielansätze entfernt, halbiert
500 ml süße Sahne, halbsteif geschlagen
150 g blanchierte ganze Mandeln, geröstet und grob gehackt

Den Biskuitboden in 2 cm breite Stücke schneiden, in eine 20–25 cm tiefe Glasschüssel legen und mit dem Sherry begießen. Die Götterspeise nach Herstellerangaben zubereiten und auf dem Biskuit verteilen. Zugedeckt (am besten über Nacht) im Kühlschrank stehen lassen, bis die Götterspeise schön fest ist.

Das Vanillepuddingpulver mit 60 ml Milch zu einer glatten Paste verquirlen.

Die restliche Milch und den Zucker in einem Topf mit schwerem Boden bei mittlerer Temperatur erhitzen und dabei rühren, bis sich der Zucker aufgelöst hat. Aufkochen, das angerührte Puddingpulver hinzufügen und dabei ununterbrochen rühren, damit sich keine Klümpchen bilden. Die Temperatur reduzieren, den Pudding 2–3 Minuten köcheln lassen und gelegentlich umrühren. Vom Herd nehmen und etwas abkühlen lassen. Den Pudding auf die Götterspeise gießen und zum Erkalten in den Kühlschrank stellen.

Zum Servieren die Erdbeeren auf dem Pudding verteilen, die Sahne darübergeben, glatt streichen und mit den Mandeln bestreuen.

Trifle schmeckt am Tag der Zubereitung am besten.

Mandarinencreme

Für 6 Personen

180 ml frisch gepresster Mandarinensaft, durch ein feines Sieb gegossen
2 Blatt Gelatine, in kaltem Wasser eingeweicht und ausgedrückt
450 ml süße Sahne
100 g extrafeiner Zucker
1 EL frisch gepresster Zitronensaft

3 Mandarinen
1 kleine Handvoll frische Minzeblätter, zerpflückt
Cointreau zum Beträufeln (nach Belieben)

Den Mandarinensaft in einem kleinen Topf bei mittlerer Temperatur erhitzen. Zum Kochen bringen und bei geringer Hitze den Saft um zwei Drittel reduzieren.

Die Sahne in einem großen Topf erhitzen und den Zucker einrühren. Aufkochen und 3 Minuten kochen lassen.

Vom Herd nehmen, die ausgedrückte Gelatine unterrühren, bis sie sich aufgelöst hat. Den Zitronensaft und den reduzierten Mandarinensaft unterrühren. Die Flüssigkeit durch ein feines Sieb in einen Krug gießen. Gleichmäßig auf 6 Martinigläser verteilen und am besten über Nacht in den Kühlschrank stellen, damit die Creme fest werden kann.

Die Mandarinen mit einem scharfen Messer schälen, sodass auch die weiße Haut vollständig entfernt wird. Die Segmente zwischen den Trennwänden herausschneiden, die Kerne entfernen und das Fruchtfleisch hacken.

Zum Servieren jeweils etwas gehackte Mandarinen auf die einzelnen Portionen geben und mit frischer Minze bestreuen. Nach Belieben Cointreau darüberträufeln.

TIPP: Sie können die Mandarinencreme auch in 12 kleinen Gläsern vor dem eigentlichen Dessert servieren. Außerdem passt sie gut als Beigabe zu Zitronenkuchen.

Gewürzbirnen mit Joghurt und Pistazien

Für 6 Personen

FÜR DEN JOGHURT
400 g griechischer Joghurt (10 % Fett)
30 g Puderzucker
1 Prise gemahlener Zimt

FÜR DIE GEWÜRZBIRNEN
600 g extrafeiner Zucker
4 grüne Kardamomkapseln, geröstet, fein zerstoßen
1 Zimtstange
3 ganze Sternanis
abgeriebene Schale von 1 unbehandelten Zitrone
2 Vanilleschoten, längs aufgeschnitten, Mark herausgekratzt
6 große oder 9 kleine reife, aber feste Birnen, geschält, halbiert, Kerngehäuse entfernt

70 g ungesalzene Pistazienkerne, blanchiert und enthäutet

Joghurt, Puderzucker und Zimt in einer Schüssel verrühren. Ein Sieb in eine große Schüssel hängen und mit einem Musselintuch auskleiden, sodass reichlich Stoff überhängt. Die Joghurtmischung in die Mitte des Siebs geben und mit dem überhängenden Tuch bedecken. 24 Stunden im Kühlschrank abtropfen lassen, damit die Molke austritt und der Joghurt fest wird.

Für die Gewürzbirnen den Zucker und 800 ml Wasser in einem großen Topf mit schwerem Boden bei mittlerer Temperatur erhitzen und dabei rühren, bis sich der Zucker aufgelöst hat. Kardamom, Zimtstange, Sternanis, Zitronenschale, Vanilleschote und -mark hinzugeben. Zum Kochen bringen und bei reduzierter Hitze 5 Minuten köcheln lassen. Die Temperatur weiter verringern und die Birnen in den Gewürzsirup geben, mit Backpapier bedecken und mit einem Teller beschweren, damit die Früchte nicht an der Oberfläche schwimmen. 12–15 Minuten sachte pochieren, bis sie weich sind. Mit einem Schaumlöffel in eine Schüssel heben und die Hälfte der Pochierflüssigkeit darübergießen. Zum Abkühlen beiseitestellen.

Die restliche Flüssigkeit durch ein feines Sieb gießen. Die Gewürze wegwerfen und die Flüssigkeit in einem sauberen Topf bei mittlerer Temperatur erneut erhitzen. Aufkochen und bei reduzierter Hitze um ein Drittel einkochen lassen. Bis zur weiteren Verwendung beiseitestellen.

Jeweils 2–3 Birnenhälften auf Desserttellern anrichten und je 1 EL Joghurt hinzugeben. Mit der reduzierten Pochierflüssigkeit beträufeln und mit Pistazienkernen bestreuen. Nach Belieben gekühlt oder bei Zimmertemperatur servieren.

Litschi-Mousse mit Ananas und Passionsfrucht

Für 6 Personen

450 g extrafeiner Zucker
80 g Glukosesirup
1 kg frische Litschis, geschält, Stein entfernt, oder 550 g abgetropfte Litschis aus der Dose (in diesem Fall die Zuckermenge reduzieren)
7 Blatt Gelatine, in kaltem Wasser eingeweicht und ausgedrückt
2 Eiweiß
460 ml süße Sahne, halbsteif geschlagen

$^1/_2$ Ananas, das harte Innere entfernt, fein gewürfelt
1 Kaffirlimettenblatt, in feine Streifen geschnitten
3 Passionsfrüchte, halbiert, das Fruchtfleisch herausgekratzt

Zucker, Glukosesirup und 400 ml Wasser in einem Topf mit schwerem Boden bei mittlerer Temperatur erhitzen und dabei rühren, bis sich der Zucker aufgelöst hat. Aufkochen, vom Herd nehmen und den entstandenen Sirup abkühlen lassen.

Die Litschis in der Küchenmaschine oder im Mixer fein pürieren und in eine große Schüssel geben. Eine kleine Menge Fruchtpüree in einem Topf mit Antihaftbeschichtung erwärmen. Die ausgedrückte Gelatine unterrühren, bis sie sich aufgelöst hat, mit dem restlichen Litschipüree gut vermischen.

125 ml Sirup in einem kleinen Topf bei mittlerer Temperatur erhitzen. Aufkochen und bei reduzierter Hitze etwa 5 Minuten unter ständigem Rühren köcheln lassen, bis das Zuckerthermometer eine Temperatur von 120 °C anzeigt und sich kleine Ballen bilden lassen (siehe Glossar, Seite 187).

Die Eiweiße mit dem Handrührgerät steif schlagen, bis sich feste Spitzen bilden. Hat der Sirup 120 °C erreicht, diesen in einem gleichmäßigen dünnen Strahl in den Eischnee gießen und dabei weiter schlagen, bis die Mischung abgekühlt ist.

Diese Eischneemischung portionsweise unter das Litschipüree ziehen, dann die Sahne unterheben. Die Litschi-Mousse in 6 Serviergläser (je 250–300 ml) füllen und für mindestens 5 Stunden in den Kühlschrank stellen, bis sie fest ist.

Zum Servieren Ananaswürfel, Limettenblatt und Passionsfruchtfleisch mischen und über die Portionen verteilen.

Valpolicella-Kirschen mit Joghurteiscreme

Für 6 Personen

Schale von 1 unbehandelten Zitrone, in dünnen Streifen abgeschält
1 Zimtstange
2 Vanilleschoten, längs aufgeschnitten, Mark herausgekratzt
200 g extrafeiner Zucker
750 ml Valpolicella oder ein anderer fruchtig-leichter italienischer Rotwein
$1^1/_4$ kg Süßkirschen, mit Stielen

Joghurteiscreme (siehe Seite 159) zum Servieren
abgeriebene Schale von 1 unbehandelten Limette

Zitronenschale, Zimtstange, Vanilleschote und -mark, Zucker, Wein und 600 ml Wasser in einem Topf bei mittlerer Temperatur erhitzen und dabei rühren, bis sich der Zucker aufgelöst hat. Aufkochen und bei reduzierter Hitze köcheln lassen.

Die Kirschen hinzugeben und mit einem Stück Backpapier bedecken. Je nach Größe der Kirschen 3–5 Minuten sanft pochieren, jedoch nicht zu lange garen, da sie sonst ihre intensive Farbe verlieren. Vom Herd nehmen, die Kirschen in der Pochierflüssigkeit abkühlen lassen und dann mit einem Schaumlöffel in eine Schüssel heben.

Die Pochierflüssigkeit bei mittlerer Hitze erneut zum Kochen bringen und dann bei geringer Temperatur um zwei Drittel reduzieren. Vom Herd nehmen und zum Abkühlen beiseitestellen.

Die Kirschen mit dem abgekühlten Sirup übergießen und bis zur Verwendung im Kühlschrank aufbewahren.

Zum Servieren die Früchte mit etwas Flüssigkeit auf Teller verteilen. Je 1 EL Joghurteiscreme dazugeben und mit abgeriebener Limettenschale bestreuen.

Rotweinbirnen mit Pain d'épice

Für 6 Personen

Schale von 1 unbehandelten Zitrone, in dünnen Streifen abgeschält
1 Zimtstange
200 g extrafeiner Zucker
750 ml fruchtig-leichter italienischer Rotwein
6 reife, aber feste Birnen, geschält, halbiert, Kerngehäuse entfernt

FÜR DAS PAIN D'ÉPICE
100 g weiche Butter
250 g brauner Zucker
3 Eier
220 g Mehl
2 EL gemahlene Mandeln
1 EL Backpulver
1 TL gemahlener Zimt
1/4 TL gemahlene Gewürznelken
abgeriebene Schale von 1/2 unbehandelten Orange
2 TL kandierter Ingwer, fein gehackt
200 ml Vollmilch
frisch gepresster Saft von 1 Orange
2 EL Orangenmarmelade, Schalenstücke gehackt

Puderzucker zum Bestäuben
Mascarpone oder halbsteif geschlagene Sahne zum Servieren

Zitronenschale, Zimtstange, Zucker, Wein und 600 ml Wasser in einem großen Topf bei mittlerer Temperatur erhitzen und dabei rühren, bis sich der Zucker aufgelöst hat. Aufkochen, dann die Hitze reduzieren, sodass die Flüssigkeit sanft köchelt. Die Birnen hineingeben, mit Backpapier bedecken und mit einem Teller beschweren, damit sie nicht an der Oberfläche schwimmen. 12–15 Minuten pochieren, bis sie weich sind.

Die Früchte in der Pochierflüssigkeit abkühlen lassen. Mit einem Schaumlöffel in eine Schüssel heben und beiseitestellen. Die Flüssigkeit durch ein feines Sieb in einen sauberen Topf gießen und bei mittlerer Hitze um ein Drittel reduzieren. Die Gewürze wegwerfen. Die Birnen mit dem entstandenen Sirup begießen und bis zur Verwendung im Kühlschrank aufbewahren.

Den Backofen auf 160 °C vorheizen. Eine niedrige rechteckige Backform (30 x 23 x 4 cm) einfetten und mit Backpapier auskleiden.

Für das Pain d'épice Butter und Zucker mit dem Handrührgerät cremig rühren. Die Eier nacheinander sorgfältig unterschlagen.

In einer zweiten Schüssel Mehl, Mandeln, Backpulver, gemahlene Gewürze, Orangenschale und Ingwer vermischen und unter die Buttermischung ziehen. Milch, Orangensaft und Marmelade unterrühren. Den Teig in die vorbereitete Form füllen und 50–60 Minuten backen, bis der Kuchen sich vom Rand löst. In der Form abkühlen lassen, dann auf ein Brett stürzen.

Die Birnen mit dem Schaumlöffel aus dem Sirup heben und beiseitestellen. Den Sirup in einem Topf bei mittlerer Hitze aufkochen und vom Herd nehmen.

Das Pain d'épice in 7 cm breite Quadrate schneiden, großzügig mit Puderzucker bestäuben und auf Dessertteller verteilen. Je 2 Birnenhälften daraufsetzen, mit etwas warmem Sirup beträufeln und mit einem Klecks Mascarpone oder Sahne servieren. Übrig gebliebenes Pain d'épice hält sich in einem luftdichten Behälter zwei Tage.

Bayrische Creme mit Honig und Balsamico-Erdbeeren

Für 6 Personen

FÜR DIE CREME
8 Eigelb
2 EL flüssiger Honig
120 g extrafeiner Zucker
1 Vanilleschote, längs aufgeschnitten
250 ml Vollmilch
250 ml süße Sahne
4 Blatt Gelatine, in kaltem Wasser eingeweicht und ausgedrückt
250 ml süße Sahne, halbsteif geschlagen

FÜR DIE ERDBEEREN
50 g extrafeiner Zucker
90 ml Cointreau
3 TL guter Aceto balsamico
500 g frische Erdbeeren, Stielansätze entfernt, halbiert

1 kleine Handvoll frische Minzeblätter, in feine Streifen geschnitten

Für die Bayrische Creme die Eigelbe, den Honig und 60 g Zucker in einer Schüssel hellgelb und schaumig schlagen.

Das Mark der Vanilleschote in einen Topf mit schwerem Boden kratzen. Die Schote, die Milch und Sahne sowie den restlichen Zucker hinzufügen und bis fast zum Siedepunkt erhitzen. Vom Herd nehmen.

Die heiße Milchmischung unter die Eigelbmischung rühren und in einem sauberen Topf erneut bei mittlerer Temperatur erhitzen.

Mit einem Holzlöffel ununterbrochen rühren, bis eine dickflüssige Creme entsteht, die jedoch nicht kochen darf. Die Creme ist fertig, wenn sie die Rückseite des Löffels gleichmäßig überzieht. Durch ein feines Sieb gießen, 500 ml abmessen und in eine Schüssel füllen.

6 Dariole-Förmchen aus Kunststoff (125 ml Fassungsvermögen) mit kaltem Wasser ausspülen.

Die ausgedrückte Gelatine unter die heiße Creme rühren. Die Schüssel zum Abkühlen in einen Topf mit Eiswasser stellen und die Creme dabei ununterbrochen rühren, damit sie flüssig bleibt. Die geschlagene Sahne unter die abgekühlte Creme ziehen und die Mischung sofort in die Förmchen füllen. Zum Festwerden am besten über Nacht im Kühlschrank stehen lassen.

Für die Erdbeeren Zucker, Cointreau und Balsamicoessig in einem kleinen Topf sanft erwärmen und dabei rühren, bis sich der Zucker aufgelöst hat. Den Topf leicht schräg halten und die Flüssigkeit mit einem Streichholz entzünden, damit der Alkohol verbrennt. Ist die Flamme erloschen, den Topf vom Herd nehmen. Bei Raumtemperatur abkühlen lassen. Über die Erdbeeren gießen und 15 Minuten ziehen lassen.

Zum Servieren mit einem in heißem Wasser erwärmten Messer jeweils am Förmchenrand entlangfahren und die Bayrische Creme auf Dessertteller stürzen, die Förmchen dabei leicht zusammendrücken. Die Erdbeeren um die einzelnen Portionen verteilen und mit etwas Minze bestreuen.

Bavaroise mit Mandarinengelee

Für 8 Personen

FÜR DAS MANDARINENGELEE
300 ml frisch gepresster Mandarinensaft, durch ein feines Sieb gegossen
3 Blatt Gelatine, in kaltem Wasser eingeweicht und ausgedrückt
50 g extrafeiner Zucker

FÜR DIE BAVAROISE
3 Eigelb
75 g extrafeiner Zucker
250 ml Vollmilch
1 Vanilleschote, längs aufgeschnitten, Mark herausgekratzt
2 Blatt Gelatine, in kaltem Wasser eingeweicht und ausgedrückt
250 ml süße Sahne, halbsteif geschlagen

FÜR DEN MANDARINENSIRUP
250 g extrafeiner Zucker
125 ml frisch gepresster Mandarinensaft, abgeseiht

Mandarinenspalten zum Servieren
Puderzucker zum Bestäuben
1/2 Rezept Biscotti (siehe Seite 176)

Für das Gelee 100 ml Mandarinensaft in einem kleinen Topf sanft erwärmen. Vom Herd nehmen und die ausgedrückte Gelatine darin auflösen. Den Saft erneut erwärmen. Den Zucker und den restlichen Saft hinzufügen und so lange rühren, bis sich der Zucker aufgelöst hat. Vom Herd nehmen.

8 Dariole-Förmchen aus Kunststoff (jeweils 125 ml Fassungsvermögen) mit kaltem Wasser ausspülen. Das Gelee jeweils etwa 1 cm hoch in die Förmchen füllen und beiseitestellen (nicht im Kühlschrank aufbewahren).

Für die Bavaroise Eigelbe und Zucker in einer Schüssel hellgelb und schaumig schlagen. Milch, Vanilleschote und -mark in einem Topf mit schwerem Boden bei mittlerer Temperatur bis fast zum Siedepunkt erhitzen. Die heiße Milch unter die Eigelbmischung schlagen und in einem sauberen Topf bei mittlerer Temperatur wieder erhitzen.

Mit einem Holzlöffel ununterbrochen rühren, bis eine dickflüssige Creme entsteht, die jedoch nicht kochen darf. Sie ist fertig, wenn sie die Rückseite des Löffels gleichmäßig überzieht. Vom Herd nehmen, die ausgedrückte Gelatine unterrühren, bis sie sich aufgelöst hat. Durch ein feines Sieb in eine Schüssel gießen, beiseitestellen und auf Raumtemperatur abkühlen lassen, ab und zu durchrühren. Kurz bevor die Creme fest wird, die geschlagene Sahne unterheben.

Die Bavaroise-Mischung auf das noch nicht vollständig gelierte Mandarinengelee in die Förmchen füllen. So verbinden sich die beiden Schichten und fallen beim Stürzen nicht auseinander. Zum Festwerden am besten über Nacht im Kühlschrank stehen lassen.

Für den Mandarinensirup den Zucker und 60 ml Wasser in einem kleinen Topf bei mittlerer Temperatur erhitzen und dabei rühren, bis sich der Zucker aufgelöst hat. Aufkochen und nun ohne zu rühren kochen lassen, bis ein goldbrauner Karamell entstanden ist. Sofort vom Herd nehmen und sehr vorsichtig (der heiße Karamell spritzt) den Mandarinensaft dazugießen. Nochmals erwärmen und glatt rühren. Zum Abkühlen beiseitestellen.

Zum Servieren mit einem in heißem Wasser erwärmten Messer jeweils am Förmchenrand entlangfahren und die Bavaroise auf Dessertteller stürzen. Rundum Mandarinensirup träufeln und mit Mandarinenspalten garnieren. Mit Puderzucker bestäuben und mit Biscotti servieren.

Feine Zitronencreme

Ergibt 12 kleine Gläser

450 ml süße Sahne
2 Blatt Gelatine, in kaltem Wasser eingeweicht und ausgedrückt
110 g extrafeiner Zucker
75 ml frisch gepresster Zitronensaft

1 unbehandelte Zitrone
frische Himbeeren zum Servieren

12 größere Schnapsgläser (jeweils 45 ml Fassungsvermögen) auf einem Tablett verteilen.

Sahne und Zucker in einem großen Topf bei mittlerer Temperatur erhitzen und dabei rühren, bis sich der Zucker aufgelöst hat. Aufkochen und 3 Minuten kochen lassen. Vom Herd nehmen, die ausgedrückte Gelatine in der heißen Flüssigkeit auflösen und den frisch gepressten Zitronensaft einrühren.

Durch ein feines Sieb in einen Krug gießen und die Gläser jeweils zu drei Vierteln mit der Creme füllen. Zum Festwerden am besten über Nacht in den Kühlschrank stellen.

Die Zitronenschale mit einem scharfen Messer in breiten Streifen abschälen, sodass nichts Weißes daran haftet. In einem kleinen Topf mit kochendem Wasser die Zitronenschale 2 Minuten blanchieren. Mit dem Schaumlöffel herausnehmen und in Eiswasser geben. Die Schale nochmals 2 Minuten blanchieren und erneut in das Eiswasser geben. Trocken tupfen und in dünne Streifen schneiden.

Die Zitronencreme mit Zitronenschale und Himbeeren garnieren und servieren.

TIPP: Die kleinen Zitronencremes eignen sich als Vordessert, das auf die eigentliche Nachspeise einstimmen soll. Außerdem harmonieren sie gut mit Mandarinentarte (siehe Seite 105). Sie können sie aber auch als eigenständiges Dessert in 6 Martinigläsern mit Biscotti (siehe Seite 176) reichen.

Vanillereis mit Zimtäpfeln

Für 6 Personen

FÜR DEN VANILLEREIS
60 g Butter
90 g extrafeiner Zucker
125 g Rundkornreis
1 Vanilleschote, längs aufgeschnitten, Mark herausgekratzt
500 ml Vollmilch
500 ml süße Sahne

FÜR DIE ZIMTÄPFEL
50 g Butter
6 Äpfel der Sorte Granny Smith, geschält, entkernt, in je 8 Spalten geschnitten
2 EL extrafeiner Zucker
60 g Rosinen
1/2 TL gemahlener Zimt

Den Backofen auf 160 °C vorheizen. Die Butter in einem Topf mit schwerem Boden bei schwacher Hitze zerlassen. Zucker und Reis hineingeben und 5 Minuten rühren. Vanilleschote und -mark, Milch, Sahne sowie 1 Prise Salz zufügen und die Mischung zum Kochen bringen.

In einer flachen Auflaufform verteilen und mit Alufolie bedecken. Die Form in eine Fettpfanne stellen und diese bis zur halben Höhe der Form mit warmem Wasser füllen. Im heißen Ofen 60–80 Minuten backen, bis der Reis weich und cremig ist. Dabei alle 20 Minuten durchrühren. Die Mischung ist jetzt noch relativ feucht, doch der Reis absorbiert beim Abkühlen noch reichlich Flüssigkeit. Aus dem Ofen nehmen, abkühlen lassen und gelegentlich umrühren. Bis zur Verwendung im Kühlschrank aufbewahren.

Die Butter für die Zimtäpfel in einer großen Pfanne mit schwerem Boden bei mittlerer Hitze zerlassen. Die Apfelspalten hineingeben und von allen Seiten anbraten, bis sie weich werden. Zucker, Rosinen und Zimt hinzufügen und die ausgetretene Flüssigkeit einkochen lassen. Die Apfelspalten auf einer großen Platte verteilen und abkühlen lassen.

Zum Servieren je 1 großen Löffel Vanillereis in Dessertschälchen geben und die Äpfel, nach Belieben leicht erwärmt, auf dem Reis verteilen.

TIPP: Vanillereis schmeckt besonders gut, wenn man ihn noch am Tag der Zubereitung bei Raumtemperatur serviert. Er lässt sich aber auch vorbereiten und kalt stellen, doch direkt aus dem Kühlschrank ist er zu fest. Falls nötig, vor dem Servieren etwas Milch oder Sahne unterrühren.

Passionsfrucht-Parfait

Für 10 Personen

4 Eier, getrennt
300 g extrafeiner Zucker
250 ml Vollmilch
250 ml Passionsfruchtfleisch
250 ml süße Sahne, halbsteif geschlagen

3 Passionsfrüchte, halbiert
Karamellblättchen (siehe Seite 178) zum Servieren

In einer Schüssel die Eigelbe und 170 g Zucker verquirlen. Die Milch in einem kleinen Topf bis fast zum Siedepunkt erhitzen. Die heiße Milch unter die Eigelbmischung schlagen und die Mischung in einem sauberen Topf bei mittlerer Temperatur erneut erhitzen.

Mit einem Holzlöffel ununterbrochen rühren, bis eine dickflüssige Creme entsteht, die jedoch nicht kochen darf. Die Creme ist fertig, wenn sie die Rückseite des Löffels gleichmäßig überzieht. Durch ein feines Sieb gießen und im Kühlschrank erkalten lassen. Das Passionsfruchtfleisch unter die kalte Masse rühren.

Den restlichen Zucker und 100 ml Wasser in einem kleinen Topf bei mittlerer Temperatur erhitzen und dabei rühren, bis sich der Zucker aufgelöst hat. Aufkochen und bei reduzierter Hitze unter ständigem Rühren 5 Minuten köcheln lassen, bis das Zuckerthermometer eine Temperatur von 120 °C anzeigt und sich kleine Ballen bilden lassen (siehe Seite 187).

Die Eiweiße mit dem Handrührgerät steif schlagen, bis sich feste Spitzen bilden. Hat der Sirup 120 °C erreicht, diesen in einem gleichmäßigen dünnen Strahl in den Eischnee gießen und dabei ständig rühren, bis die Mischung abgekühlt ist. Nun vorsichtig zuerst die halbsteif geschlagene Sahne, dann die Passionsfruchtmasse unterheben.

Eine dreieckige Terrinenform (30 x 12 x 10 cm) oder eine Kastenform mit Klarsichtfolie auskleiden, sodass diese rundum 4 cm überhängt. Die Parfaitmischung in die Form füllen und die Form leicht auf die Arbeitsfläche aufstoßen, damit Luftblasen entweichen. Die überhängende Folie vorsichtig über die Parfaitmischung legen und diese über Nacht im Tiefkühlfach gefrieren lassen.

Das Parfait auf ein Brett stürzen, die Folie entfernen. Mit einem in heißem Wasser erwärmten Messer das Parfait in etwa 1,5 cm dicke Scheiben schneiden und jeweils 2 Scheiben auf einen Dessertteller geben.

Das Fleisch der Passionsfrüchte mit einem Löffel auslösen und rundum verteilen, die Teller mit Karamellblättchen garnieren.

Bananen-Rum-Parfait

Für 10 Personen

FÜR DAS PARFAIT
3 Bananen
frisch gepresster Saft von 1 Zitrone
45 ml brauner Rum
230 g extrafeiner Zucker
5 Eigelb
3 Eiweiß
300 ml süße Sahne, halbsteif geschlagen

FÜR DEN KROKANT
250 g extrafeiner Zucker
150 g Haselnüsse, geröstet und enthäutet

FÜR DEN ORANGENKARAMELL
250 g extrafeiner Zucker
100 ml frisch gepresster Orangensaft

Sesamwaffeln (siehe Seite 184)

Bananen, Zitronensaft und Rum fein pürieren. Beiseitestellen. In einem kleinen Topf mit schwerem Boden 150 g Zucker und 125 ml Wasser bei mittlerer Temperatur erhitzen und dabei rühren, bis sich der Zucker aufgelöst hat. Aufkochen und bei milder Hitze köcheln lassen, bis der Sirup beginnt, Farbe anzunehmen.

Inzwischen die Eigelbe mit dem Handrührgerät verquirlen. Den noch heißen Zuckersirup in einem gleichmäßigen dünnen Strahl zum Eigelb gießen und so lange rühren, bis die Mischung abgekühlt ist.

In einer zweiten Schüssel die Eiweiße steif schlagen, bis sich feste Spitzen bilden. Nach und nach den restlichen Zucker hinzufügen.

Die Sahne unter die Eigelbmischung heben, dann das Bananenpüree und zuletzt den Eischnee unterziehen.

Eine dreieckige Terrinenform (30 x 12 x 10 cm) oder eine Kastenform mit Klarsichtfolie auskleiden, sodass diese rundum 4 cm überhängt. Die Parfaitmischung einfüllen und die Form leicht auf die Arbeitsfläche aufstoßen, um Luftblasen zu entfernen. Die überhängende Folie vorsichtig über die Parfaitmischung legen und diese über Nacht im Tiefkühlfach gefrieren lassen.

Für den Krokant ein Backblech einfetten und mit Backpapier auslegen. Den Zucker in einem Topf mit schwerem Boden knapp mit Wasser bedecken. Bei mittlerer Temperatur erhitzen und dabei rühren, bis sich der Zucker aufgelöst hat. Aufkochen und nun ohne zu rühren kochen lassen, bis ein goldbrauner Karamell entstanden ist. Sofort vom Herd nehmen und die Haselnüsse auf einmal dazugeben. Die Mischung zügig auf das vorbereitete Blech gießen und mit der Rückseite eines in heißem Wasser erwärmten Löffels glatt streichen. Den vollständig ausgekühlten Krokant im Mörser oder in der Küchenmaschine zerkleinern.

Für den Orangenkaramell den Zucker und 100 ml Wasser in einem Topf bei mittlerer Temperatur erhitzen und dabei rühren, bis sich der Zucker aufgelöst hat. Aufkochen und nun ohne zu rühren kochen lassen, bis ein goldbrauner Karamell entstanden ist. Sofort vom Herd nehmen und vorsichtig (der heiße Karamell spritzt) den Orangensaft einrühren. Nochmals erwärmen und glatt rühren. Abkühlen lassen.

Das Parfait auf ein Brett stürzen, die Folie entfernen. Mit einem erwärmten Messer etwa 1,5 cm dicke Scheiben abschneiden, jeweils 2 Scheiben auf Dessertteller geben. Den Orangenkaramell darüberträufeln, mit Krokant bestreuen und mit Sesamwaffeln servieren.

Eton mess

Für 6 Personen

3 Eiweiß
170 g extrafeiner Zucker
500 g frische Erdbeeren, Stielansätze entfernt, halbiert
1 EL Puderzucker
600 ml süße Sahne, halbsteif geschlagen

Den Backofen auf 150 °C vorheizen. Ein Backblech einfetten und mit Backpapier auslegen.

Die Eiweiße mit dem Handrührgerät steif schlagen, bis sich weiche Spitzen bilden. Nach und nach den Zucker hinzufügen, dabei weiterschlagen, bis der gesamte Zucker verbraucht ist. Die steif geschlagene Baisermasse 1 cm dick auf das Blech streichen und im heißen Ofen 40 Minuten backen. Den Backofen ausschalten und das Baiser noch etwa 1 Stunde im Ofen trocknen lassen.

In der Zwischenzeit 250 g Erdbeeren mit dem Puderzucker in der Küchenmaschine oder im Mixer pürieren. Durch ein feines Sieb passieren, um die Samen zu entfernen, und beiseitestellen.

Das Baiser in kleine Stücke brechen und mit den restlichen Erdbeeren in eine große Schüssel geben. Die geschlagene Sahne unterheben und etwas Erdbeerpüree leicht unterziehen, damit eine marmorierte Wirkung entsteht.

Das Dessert auf 6 Schälchen verteilen oder in eine große Glasschüssel füllen. Mit dem restlichen Erdbeerpüree beträufeln und sofort servieren.

Espresso-Cognac-Mousse mit Shortbread

Für 6 Personen

3 Blatt Gelatine, in kaltem Wasser eingeweicht und ausgedrückt
125 ml heißer Espresso oder starker Kaffee
330 ml süße Sahne
1 TL Vanilleextrakt
2 Eier
70 g extrafeiner Zucker
1 EL Cognac oder Weinbrand

FÜR DAS SHORTBREAD
125 g weiche Butter
80 g extrafeiner Zucker
1 TL Vanilleextrakt
1 TL abgeriebene Schale von einer unbehandelten Zitrone
1 TL Reismehl
120 g Mehl
1 EL extrafeiner Zucker

halbsteif geschlagene Sahne zum Servieren
Kakaopulver zum Bestäuben

In einer kleinen Schüssel die ausgedrückte Gelatine unter den heißen Kaffee rühren, bis sie sich vollständig aufgelöst hat. Beiseitestellen.

Die süße Sahne mit dem Vanilleextrakt steif schlagen, bis sich weiche Spitzen bilden. In einer zweiten Schüssel die Eigelbe, den Zucker und den Cognac hellgelb und schaumig schlagen. Die warme Kaffeemischung unterrühren, dann die geschlagene Sahne mit dem Schneebesen vorsichtig unterziehen. Auf 6 Kaffeetassen oder kleine Dessertgläser verteilen und am besten über Nacht kalt stellen.

Den Backofen auf 160 °C vorheizen. Eine Springform (26 cm Durchmesser) einfetten und mit Backpapier auslegen.

Für das Shortbread Butter und Zucker mit dem Handrührgerät cremig rühren, Vanilleextrakt und Zitronenschale hinzufügen. Reismehl und Mehl in eine Schüssel sieben und zu der Buttermischung geben. Auf einer bemehlten Arbeitsfläche rasch durchkneten, bis ein glatter Teig entsteht.

Den Shortbread-Teig in die vorbereitete Form geben und gleichmäßig festdrücken, mithilfe eines Teigschabers oder mit der Rückseite einer Messerklinge 12 Tortenstücke markieren. Mit 1 EL Zucker bestreuen und im heißen Ofen in 25–30 Minuten goldgelb backen. Herausnehmen, abkühlen lassen und mit einem Sägemesser vorsichtig entlang der markierten Linien aufschneiden. Bis zur Verwendung in einem luftdichten Behälter aufbewahren.

Zum Servieren die Mousse mit 1 EL Sahne dekorieren und mit etwas Kakaopulver bestäuben. Dazu ein Stück Shortbread reichen.

PATISSERIE

In Frankreich gelten die großen Patissiers als Künstler, deren Kreationen stets so individuell sind wie sie selbst. Die Desserts in diesem Kapitel sind die besten Beispiele für meinen persönlichen Stil – unkompliziert und unwiderstehlich.

Blutorangen-Mandel-Küchlein

Für 6 Personen

4 Blutorangen
250 g weiche Butter
300 g extrafeiner Zucker
6 Eier, getrennt
1 EL Backpulver
80 g Mehl
40 g ungesalzene Pistazienkerne, blanchiert und enthäutet
300 g gemahlene Mandeln
45 ml Cointreau
frisch gepresster Saft von 2 Blutorangen
1 TL extrafeiner Zucker

2 Blutorangen, geschält, jeweils horizontal in 6 Scheiben geschnitten, Kerne und weiße Haut entfernt
Crème fraîche oder Sauerrahm zum Servieren
1 kleine Handvoll frische Minzeblätter zum Garnieren

Die 4 Orangen in einem großen Topf mit Wasser bedecken und mit einem Teller beschweren, damit sie nicht an der Oberfläche schwimmen. Aufkochen, die Hitze reduzieren und die Orangen köcheln lassen, bis sie sehr weich sind. Die Früchte abgießen und vierteln, das Fruchtfleisch auslösen, Haut und Kerne entfernen. Das Orangenfleisch in der Küchenmaschine oder im Mixer kurz pürieren – 4 Früchte sollten etwa 300 ml ergeben. Falls nötig, mit etwas Wasser oder frisch gepresstem Orangensaft auffüllen.

Den Backofen auf 200 °C vorheizen. 6 runde Tortelett- oder Soufflé-Förmchen (10 cm Durchmesser, 2 cm hoch) einfetten.

Butter und Zucker mit dem Handrührgerät cremig rühren. Die Eigelbe nacheinander sorgfältig unterschlagen. Backpulver und Mehl in eine zweite Schüssel sieben, dann die Pistazien und die gemahlenen Mandeln hinzugeben.

Das pürierte Orangenfleisch gleichmäßig unter die Buttermischung ziehen. Die trockenen Zutaten und zuletzt den Cointreau unterrühren. Die Eiweiße mit dem Handrührgerät steif schlagen, bis sich weiche Spitzen bilden, und vorsichtig unter die Teigmischung heben. Die Masse in die vorbereiteten Förmchen füllen und diese auf einem Backblech verteilen. Im heißen Ofen 20–25 Minuten backen. An einem in die Mitte der Küchlein eingestochenen Holzstäbchen sollte beim Herausziehen kein Teig mehr haften bleiben.

In der Zwischenzeit den Saft von 2 Blutorangen mit 1 TL Zucker in einem kleinen Topf bei mittlerer Temperatur erhitzen und dabei rühren, bis sich der Zucker aufgelöst hat. Aufkochen und bei reduzierter Hitze um die Hälfte einkochen lassen, bis der Saft einzudicken beginnt. Den Orangensirup durch ein feines Sieb gießen und beiseitestellen.

Die warmen Kuchen auf Dessertteller stürzen. Je 2 Orangenscheiben daraufgeben und einen Klecks Crème fraîche hinzufügen. Mit dem Orangensirup beträufeln und mit Minzeblättern bestreuen.

Apfel-Rhabarber-Pie mit Calvadossahne

Für 8 Personen

$1\frac{1}{2}$ Portionen Mürbeteig (siehe Seite 177)

100 g Butter
6 Äpfel der Sorte Granny Smith, geschält, entkernt, in dicke Scheiben geschnitten
370 g brauner Zucker
10 Stangen Rhabarber, geschält und in 3 cm lange Stücke geschnitten
1 Zimtstange
1 Vanilleschote, längs aufgeschnitten, Mark herausgekratzt
1 Prise frisch geriebene Muskatnuss
2 TL frisch geriebener Ingwer
abgeriebene Schale und frisch gepresster Saft von 1 unbehandelten Zitrone
40 g frisch geriebene Semmelbrösel
1 Ei, verquirlt
extrafeiner Zucker zum Bestreuen

FÜR DIE CALVADOSSAHNE
250 ml süße Sahne
2 TL Puderzucker
60 ml Calvados oder Weinbrand

Den Mürbeteig nach dem Grundrezept zubereiten und für 1 Stunde kühl stellen.

Den Backofen auf 180 °C vorheizen. Eine Kuchenform (24 cm Durchmesser, 4 cm hoch) einfetten. Zwei Drittel des gekühlten Mürbeteigs zu einem 3 mm dicken Kreis ausrollen und die Form damit auskleiden. Für weitere 30 Minuten in den Kühlschrank stellen. Den restlichen Teig ebenfalls zu einem 3 mm dicken Kreis ausrollen – er wird später als Teigdeckel verwendet. In Klarsichtfolie verpackt ebenfalls kalt stellen. Den Mürbeteigboden in der Form blindbacken wie auf Seite 177 beschrieben und bis zur weiteren Verwendung zum Abkühlen beiseitestellen.

Die Butter in einem Topf mit schwerem Boden bei mittlerer Hitze zerlassen. Auf starke Hitze schalten, die Apfelscheiben hineingeben und 2–3 Minuten braten. Den braunen Zucker und den Rhabarber unterrühren. Zimtstange, Vanillemark, Muskat und Ingwer hinzufügen und die Mischung so lange garen, bis die Obststücke weich werden. Zuletzt Zitronenschale und -saft unterrühren. Vom Herd nehmen, in ein Sieb füllen und den Saft auffangen. Die Apfel-Rhabarber-Mischung zum Abkühlen auf einer Platte verteilen.

Ist die abgekühlte Mischung noch relativ feucht, die Semmelbrösel unterziehen. Die Mischung auf dem Mürbeteigboden verteilen. Den Teigrand mit dem verquirlten Ei bestreichen und den Teigdeckel auf die Füllung setzen. Überstehenden Teig abschneiden und die Teigränder fest zusammendrücken. Die Oberseite mit dem restlichen Ei bestreichen und mit etwas Zucker bestreuen. Zwei kleine Löcher in den Deckel stechen, damit beim Backen der Dampf entweichen kann. Im heißen Ofen in 40 Minuten goldgelb backen.

In der Zwischenzeit die aufgefangene Flüssigkeit in einem kleinen Topf aufkochen und bei reduzierter Hitze sirupartig einkochen lassen. Vom Herd nehmen und beiseitestellen.

Für die Calvadossahne die süße Sahne mit dem Puderzucker steif schlagen, bis sich weiche Spitzen bilden. Den Calvados unterziehen.

Den warmen Kuchen in Stücke schneiden und auf Dessertteller verteilen. Mit dem Sirup beträufeln und mit einem Klecks Calvadossahne servieren.

Mango-Torteletts mit Macadamianuss-Eiscreme

Für 6 Personen

500 ml süße Sahne
5 Eier
70 g extrafeiner Zucker
1 Vanilleschote, längs aufgeschnitten, Mark herausgekratzt
3 TL Grand Marnier
6 Mürbeteig-Torteletts (8 cm Durchmesser, Rand 2 cm hoch), blindgebacken (siehe Seite 177)

FÜR DEN RUMKARAMELL
110 g extrafeiner Zucker
2 EL brauner Rum
$2^1/_2$ EL süße Sahne

2 große oder 3 kleine Mangos, geschält und in Scheiben geschnitten
Puderzucker zum Bestäuben
Macadamianuss-Eiscreme (siehe Seite 168)

Den Backofen auf 120 °C vorheizen.

Sahne, Eier, Zucker, Vanillemark und Grand Marnier in einer großen Schüssel verquirlen. Durch ein feines Sieb in einen Krug gießen und auf die Mürbeteig-Torteletts verteilen. Im heißen Ofen 40 Minuten backen, bis die Füllung fest ist. Aus dem Ofen nehmen und auf Raumtemperatur abkühlen lassen.

Für den Rumkaramell den Zucker und 125 ml Wasser in einem kleinen Topf bei mittlerer Temperatur erhitzen und dabei rühren, bis sich der Zucker aufgelöst hat. Aufkochen und nun ohne zu rühren kochen lassen, bis ein goldbrauner Karamell entstanden ist. Sofort vom Herd nehmen und sehr vorsichtig (der heiße Karamell spritzt) den Rum einrühren. Ist der Karamell zu dick, noch ein wenig Wasser hinzugießen. Nochmals schwach erhitzen, die Sahne hinzufügen und glatt rühren.

Die Mangoscheiben in einem symmetrischen Muster auf den Torteletts verteilen und großzügig mit Puderzucker bestäuben. Den Zucker mit einem Bunsenbrenner oder unter dem sehr heißen Backofengrill karamellisieren. Die Torteletts auf Dessertteller setzen, mit etwas Rumkaramell beträufeln und mit 1 Kugel Macadamianuss-Eiscreme servieren.

Kirsch-Focaccia

Für 6–8 Personen

500 g Hartweizenmehl (siehe Tipp)
$1^1/_2$ EL Trockenhefe
1 TL Salz
350 ml warmes Wasser
80 ml natives Olivenöl extra
500 g Süßkirschen, entsteint, Stiele entfernt
natives Olivenöl extra zum Beträufeln
2 EL gehackter frischer Thymian oder Zitronenthymian
50 g extrafeiner Zucker
Puderzucker zum Bestäuben

Mehl, Hefe und Salz in eine Schüssel sieben und mit den Knethaken des Handrührgeräts nach und nach das warme Wasser und das Olivenöl unterarbeiten. Etwa 15 Minuten kneten, bis ein glatter, elastischer Teig entstanden ist, entweder auf niedriger Stufe mit dem Rührgerät oder auf einer leicht bemehlten Arbeitsfläche von Hand. Eine Kugel formen und in eine große, leicht mit Öl bestrichene Schüssel geben. Mit Klarsichtfolie bedecken und an einem warmen Ort 15–20 Minuten gehen lassen, bis er sein Volumen verdoppelt hat.

Den Teig auf der bemehlten Arbeitsfläche nochmals kurz durchkneten, in eine gefettete rechteckige Form (30 x 23 x 4 cm) geben und mit den Händen flach drücken. Die Kirschen in gleichmäßigen Abständen in den Teig drücken. An einem warmen Ort den Teig nochmals auf das doppelte Volumen aufgehen lassen.

Den Backofen auf 220 °C vorheizen. Den Teig großzügig mit Olivenöl beträufeln, mit Thymian und Zucker bestreuen. Im heißen Ofen in 15 Minuten goldgelb backen. Die Focaccia mit Puderzucker bestäuben und warm oder bei Zimmertemperatur servieren.

TIPP: Hartweizenmehl ist in italienischen Lebensmittelgeschäften erhältlich. Ersatzweise eignet sich eine Mischung aus Weizenmehl (Type 550) und Hartweizengrieß zu gleichen Teilen. Sie können die Focaccia aber auch mit gewöhnlichem Weizenmehl backen. In diesem Fall benötigen Sie eventuell etwas Mehl zusätzlich, da es weniger Gluten enthält.

Bananen-Passionsfrucht-Pizza

Für 6 Personen

FÜR DEN TEIG
1 TL Trockenhefe
200 g Hartweizenmehl (siehe Tipp)
2 Eier, verquirlt
2 EL extrafeiner Zucker
60 g weiche Butter

8 Bananen
extrafeiner Zucker zum Bestreuen
12 Passionsfrüchte, halbiert, das Fruchtfleisch herausgekratzt
Crème double zum Servieren
Puderzucker zum Bestäuben

Für den Teig Hefe, Mehl, Eier, Zucker, 2 EL Wasser und 1 Prise Salz in einer großen Schüssel gründlich vermischen. Mit den Händen oder mit den Knethaken des Handrührgeräts 8–10 Minuten kneten, bis ein glatter, elastischer Teig entstanden ist.

Die Butter sorgfältig unterkneten. Die Schüssel mit einem sauberen feuchten Küchentuch bedecken und den Teig an einem warmen Ort 1 Stunde gehen lassen, bis er sein Volumen verdoppelt hat.

Den Backofen auf 230 °C vorheizen. 2 Backbleche oder 6 Portionsformen leicht einfetten.

Den Teig auf einer bemehlten Arbeitsfläche kräftig durchkneten. In 6 gleich große Stücke teilen und jedes zu einem dünnen Kreis von 20–22 cm Durchmesser ausrollen. Auf die vorbereiteten Bleche legen und nochmals 20 Minuten gehen lassen.

Die Bananen diagonal in Scheiben schneiden, gleichmäßig auf den Pizzaböden verteilen und mit Zucker bestreuen. Im heißen Ofen 6–8 Minuten backen, bis der Teig goldgelb und schön aufgegangen ist.

Die heißen Pizzas vorsichtig auf Teller setzen. Das Passionsfruchtfleisch auf den Bananen verteilen, einige Kleckse Crème double hinzufügen und mit Puderzucker bestäuben.

TIPP: Hartweizenmehl ist in italienischen Lebensmittelgeschäften erhältlich. Ersatzweise eignet sich eine Mischung aus Weizenmehl (Type 550) und Hartweizengrieß zu gleichen Teilen. Die Pizza gelingt aber auch mit gewöhnlichem Weizenmehl. In diesem Fall benötigen Sie eventuell etwas Mehl zusätzlich, da es weniger Gluten enthält.

Mandarinentarte

Für 8 Personen

300 ml frisch gepresster Mandarinensaft, abgeseiht
150 g extrafeiner Zucker
200 ml süße Sahne
6 Eier
1 blindgebackener Mürbeteigboden (24 cm Durchmesser, 4 cm hoch) (siehe Seite 177)

FÜR DAS MANDARINENGELEE
300 ml frisch gepresster Mandarinensaft, durch ein Sieb gegossen
4 Blatt Gelatine, in kaltem Wasser eingeweicht und ausgedrückt
50 g extrafeiner Zucker

Den Backofen auf 110 °C vorheizen.

300 ml Mandarinensaft in einem kleinen Topf bei mittlerer Temperatur aufkochen und bei milder Hitze um zwei Drittel reduzieren. Vom Herd nehmen, den Zucker hinzufügen und rühren, bis er sich aufgelöst hat. Zum Abkühlen beiseitestellen.

In einer Schüssel Sahne und Eier verquirlen, den reduzierten Mandarinensaft hinzufügen. Die Mischung durch ein feines Sieb in einen Krug gießen und vorsichtig in den vorgebackenen Mürbeteigboden füllen. Im heißen Ofen 55 Minuten backen, bis die Füllung fest ist. Herausnehmen, 10 Minuten abkühlen lassen und zum vollständigen Erkalten in den Kühlschrank stellen.

Für das Mandarinengelee 100 ml Mandarinensaft in einem kleinen Topf erwärmen. Vom Herd nehmen und die ausgedrückte Gelatine unter Rühren darin auflösen. Erneut schwach erhitzen. Den Zucker und den restlichen Mandarinensaft untermischen, bis sich der Zucker vollständig aufgelöst hat. Vom Herd nehmen und kühl stellen, bis das Gelee gerade kalt, aber noch nicht geliert ist.

Eine gleichmäßige Schicht Gelee auf die Tarte gießen und diese zum Gelieren für mehrere Stunden in den Kühlschrank stellen. Die Mandarinentarte in Stücke schneiden und servieren.

Joghurt-Zitrus-Kuchen mit frischen Kirschen

Für 8 Personen

5 Eier, getrennt
110 g extrafeiner Zucker
1 Vanilleschote, längs aufgeschnitten, Mark herausgekratzt
450 g griechischer Joghurt
50 g Mehl
abgeriebene Schale von 1/2 unbehandelten Orange
abgeriebene Schale und Saft von 1 unbehandelten Zitrone

Puderzucker zum Bestäuben
frische Süßkirschen, entsteint, mit Stiel, zum Servieren
1/2 Rezept Kirsch-Coulis (siehe Seite 180) zum Servieren

Den Backofen auf 170 °C vorheizen. Eine Springform (26 cm Durchmesser) einfetten und mit Backpapier auskleiden.

In einer großen Schüssel Eigelbe, Zucker und Vanillemark hellgelb und schaumig schlagen. Zuerst den Joghurt, dann das Mehl unterziehen. Orangenschale, Zitronenschale und -saft einrühren.

Die Eiweiße mit dem Handrührgerät steif schlagen, bis sich feste Spitzen bilden. Den Eischnee vorsichtig unter die Joghurtmischung heben.

Den Teig in die vorbereitete Form füllen und im heißen Ofen 40–45 Minuten backen. Ein Holzstäbchen, das in die Mitte des Kuchens eingestochen wird, sollte sauber wieder herauskommen. (Der Kuchen geht beim Backen auf und fällt dann wieder etwas zusammen.)

Den Kuchen mit Puderzucker bestäuben und aufschneiden. Die Stücke auf Teller geben, einige Kirschen hinzufügen und ringsum etwas Kirsch-Coulis träufeln.

Macadamia-Torteletts mit Karamellfüllung

Für 6 Personen

FÜR DEN TEIG
60 g ungesalzene Macadamianüsse, grob gehackt
60 g Puderzucker
200 g Mehl, gesiebt
200 g weiche Butter

1 Rezept Karamellfüllung (siehe Seite 181)
100 g ungesalzene Macadamianüsse, geröstet
Puderzucker zum Bestäuben
Crème double zum Servieren

Für den Teig die Macadamianüsse mit dem Puderzucker in der Küchenmaschine fein zerkleinern, bis sie die Konsistenz grober Semmelbrösel haben.

Mehl und Butter unterarbeiten, bis sich alles zu einem Teig verbindet. Auf einer bemehlten Arbeitsfläche nur leicht verkneten. In Klarsichtfolie wickeln und für 1 Stunde in den Kühlschrank stellen.

Den Backofen auf 180 °C vorheizen und 6 Tortelettformen (8 cm Durchmesser, Rand 2 cm hoch) einfetten. (Da der Teig zum Ausrollen zu weich ist, bäckt man ihn am besten in Portionsförmchen.)

Den Teig in 6 Stücke teilen und die Förmchen jeweils 3–4 mm dick damit auskleiden. Im vorgeheizten Ofen 12–15 Minuten backen, bis der Teig goldgelb ist. Die Teigböden in den Förmchen auskühlen lassen und erst dann auf eine Platte setzen.

Die Karamellfüllung in die Torteletts geben und mit einem in heißem Wasser erwärmten Metalllöffel glatt streichen. Die Macadamianüsse auf der Füllung verteilen und vorsichtig festdrücken. Die Torteletts mit Puderzucker bestäuben und mit einem Klecks Crème double servieren.

Die Torteletts schmecken am Tag der Zubereitung am besten.

Trauben-Mandel-Tarte

Für 8 Personen

FÜR DEN MANDELTEIG

160 g weiche Butter
110 g extrafeiner Zucker
3 Eigelb
1 TL Vanilleextrakt
1/2 TL abgeriebene Schale von einer unbehandelte Zitrone
150 g Mehl, gesiebt
1/4 TL Salz
100 g Mandelblättchen, leicht geröstet

FÜR DIE CRÈME PÂTISSIÈRE

6 Eigelb
120 g extrafeiner Zucker
50 g Mehl
1 Vanilleschote, längs aufgeschnitten
500 ml Vollmilch

300 g kernlose dunkle Trauben, halbiert
50 g Mandelblättchen, geröstet
60 ml Muscat de Baumes-de-Venise (Süßwein)

Die Butter und den Zucker für den Mandelteig mit dem Handrührgerät cremig rühren. Eigelbe, Vanilleextrakt und Zitronenschale hinzufügen und weiterrühren.

Mehl, Salz und Mandeln kurz untermischen, bis sich die Zutaten zu einem Teig verbinden. Eine rechteckige Kuchenform (35 x 12 x 3 cm) einfetten und den Teig mit den Händen hineindrücken. Er sollte etwa 3 mm dick sein. Vor der Verwendung für 30 Minuten in den Kühlschrank stellen.

Den Backofen auf 200 °C vorheizen. Den Teigboden in der Form zum Blindbacken mit Backpapier bedecken und darauf getrocknete Bohnen oder Erbsen geben. Im heißen Ofen 20 Minuten backen. Die Temperatur auf 160 °C reduzieren, das Backpapier und die Bohnen oder Erbsen entfernen und den Teig weitere 5–8 Minuten goldgelb backen. Aus dem Ofen nehmen und auf Raumtemperatur abkühlen lassen.

Für die Crème pâtissière die Eigelbe mit dem Zucker leicht verschlagen, dann das Mehl unterrühren.

Das Vanillemark in einen Topf mit schwerem Boden kratzen. Milch und Vanilleschote hinzugeben und langsam zum Kochen bringen. Die Schote entfernen. Etwas heiße Milch gründlich unter die Eigelbmischung rühren, dann die restliche Milch unterschlagen. In einem sauberen Topf bei mittlerer Temperatur unter ständigem Schlagen erhitzen, bis die Mischung cremig wird und zu kochen beginnt. Noch eine weitere Minute kräftig schlagen und durch ein Sieb in eine saubere Schüssel gießen. Ein Stück Klarsichtfolie direkt auf die Creme legen, damit sich keine Haut bildet. Zum Abkühlen beiseitestellen.

Zum Servieren den Teigboden vorsichtig aus der Form nehmen und auf eine große Servierplatte setzen. Die Crème pâtissière auf den Teig streichen und die Trauben mit der Schnittseite nach oben darauf verteilen. Mit gerösteten Mandelblättchen bestreuen und mit dem Süßwein beträufeln. In Stücke schneiden und servieren. Diese Tarte schmeckt übrigens frisch zubereitet am besten.

Heidelbeerbiskuit mit Crème Chantilly

Für 8 Personen

2 Eier
180 g extrafeiner Zucker
50 g Butter, zerlassen
125 ml Vollmilch
200 g Mehl
1 1/2 TL Backpulver
200 g frische Heidelbeeren, ersatzweise Tiefkühlware, aufgetaut

FÜR DIE CRÈME CHANTILLY
250 ml süße Sahne
2 EL extrafeiner Zucker
1/2 TL Vanilleextrakt

Puderzucker zum Bestäuben
frische Heidelbeeren zum Servieren

Den Backofen auf 175 °C vorheizen. Eine rechteckige Backform (30 x 23 x 4 cm) einfetten und mit Backpapier auskleiden.

Eier und Zucker in einer Schüssel hellgelb und schaumig schlagen. Die zerlassene Butter und die Milch sorgfältig unterrühren. Mehl und Backpulver darübersieben und unterziehen.

Den Biskuitteig in die vorbereitete Form füllen und die Heidelbeeren gleichmäßig darauf verteilen. Den Kuchen 20 Minuten im heißen Ofen backen. Ein Holzstäbchen, das in die Mitte des Kuchens eingestochen wird, sollte sauber wieder herauskommen. In der Form vollständig auskühlen lassen und erst dann auf ein Brett stürzen.

Für die Crème Chantilly Sahne, Zucker und Vanilleextrakt steif schlagen, bis sich feste Spitzen bilden.

Den Biskuit mit Puderzucker bestäuben, in Stücke schneiden und mit der Crème Chantilly und frischen Heidelbeeren servieren.

Der Heidelbeerbiskuit schmeckt zimmerwarm am besten.

Mangoldquiche mit Rosinen und Pinienkernen

Für 8 Personen

90 g Rosinen, grob gehackt
90 g Korinthen
80 ml brauner Rum
800 g Mangold, Stiele und Rippen entfernt
5 Eier
4 Eigelb
600 ml süße Sahne
150 g extrafeiner Zucker
abgeriebene Schale von 1 unbehandelten Orange
2 EL flüssiger Honig
80 g Pinienkerne
1 Mürbeteigboden (24 cm Durchmesser, Rand 4 cm hoch), blindgebacken (siehe Seite 177)

Vanilleeiscreme (siehe Seite 162) zum Servieren

In einer kleinen Schüssel die Rosinen und Korinthen in Rum über Nacht einweichen.

Den Backofen auf 160 °C vorheizen. Den Mangold in kochendem Salzwasser 1 Minute blanchieren. Mit einem Schaumlöffel herausnehmen und kurz in Eiswasser geben. Abtropfen lassen und gut ausdrücken. Grob hacken und beiseitestellen.

In einer großen Schüssel Eier, Eigelbe, Sahne, Zucker, Orangenschale und Honig verquirlen. Rosinen, Korinthen, Rum und Pinienkerne unterrühren und den Mangold unterziehen.

Die Mangoldfüllung auf dem blindgebackenen Mürbeteigboden verteilen. Die Quiche im heißen Ofen 40 Minuten backen, bis die Füllung gestockt ist. Aus dem Backofen nehmen und auf Raumtemperatur abkühlen lassen.

Die abgekühlte Quiche in Stücke schneiden und mit Vanilleeiscreme servieren.

Birnen-Joghurt-Kuchen mit Minz-Joghurt

Für 8 Personen

220 g weiche Butter
250 g extrafeiner Zucker
1 TL Vanilleextrakt
3 Eier
380 g Mehl, gesiebt
3 TL Backpulver
50 ml Vollmilch
250 g griechischer Joghurt (10 % Fett)
3 reife, aber feste Birnen, ungeschält, entkernt, gehackt

FÜR DEN MINZ-JOGHURT
250 g griechischer Joghurt
1 kleine Handvoll frische Minzeblätter, zerpflückt

Den Backofen auf 170 °C vorheizen. Eine Springform (26 cm Durchmesser) einfetten und mit Backpapier auskleiden.

Die Butter und den Zucker mit dem Handrührgerät cremig rühren. Den Vanilleextrakt hinzugeben und die Eier nacheinander sorgfältig unterschlagen. Zuerst die Hälfte des gesiebten Mehls, dann die Milch einrühren. Nun 125 g Joghurt gründlich untermischen.

Nach und nach abwechselnd das restliche Mehl und den Joghurt hinzufügen und rühren, bis sich die Zutaten gerade verbunden haben. Zuletzt die Birnen unterheben.

Den Teig in die vorbereitete Form füllen und im vorgeheizten Ofen 1 Stunde backen. Ein Holzstäbchen, das in die Mitte des Kuchens eingestochen wird, sollte sauber wieder herauskommen. Den Kuchen aus dem Ofen nehmen, aus der Form lösen und auf einem Kuchengitter abkühlen lassen.

Für den Minz-Joghurt die Hälfte der Minze unter den Joghurt rühren. Den Kuchen in Stücke schneiden, auf Dessertteller verteilen und je 1 EL Minz-Joghurt dazugeben. Mit der restlichen Minze garnieren.

Birnen-Tarte mit Pekannüssen und Honig-Thymian-Eiscreme

Für 8 Personen

1 Rezept Mürbeteig (siehe Seite 177)
375 ml Sauternes (Dessertwein)
3 grüne Kardamomkapseln, im Mörser zerstoßen
1 Zimtstange
1 Vanilleschote, längs aufgeschnitten, Mark herausgekratzt
6 reife, aber feste Birnen, halbiert, entkernt, in je 8 Spalten geschnitten

FÜR DIE FRANGIPANE-MASSE
250 g weiche Butter
250 g extrafeiner Zucker
4 Eier
60 g Mehl
125 g gemahlene Mandeln
125 g gemahlene Pekannüsse

Honig-Thymian-Eiscreme (siehe Seite 163) zum Servieren

Den Backofen auf 180 °C vorheizen. Den Mürbeteig wie auf Seite 177 beschrieben zubereiten, jedoch nur 15 Minuten backen und nicht mit verquirltem Ei bestreichen. Aus dem Ofen nehmen und in der Form abkühlen lassen.

Sauternes, Kardamom, Zimtstange, Vanilleschote und -mark in einem großen Topf aufkochen. Die Birnen hineingeben und so viel Wasser zugießen, dass sie vollständig bedeckt sind. Mit Backpapier abdecken und mit einem Teller beschweren, damit die Früchte nicht an der Oberfläche schwimmen. Die Birnen bei schwacher Hitze 8–10 Minuten pochieren, bis sie weich sind. Bis zur Verwendung in der Pochierflüssigkeit abkühlen lassen.

Den Backofen auf 150 °C vorheizen.

Für die Frangipane-Masse Butter und Zucker mit dem Handrührgerät cremig rühren. Die Eier nacheinander sorgfältig unterschlagen.

In einer zweiten Schüssel Mehl, gemahlene Mandeln und Pekannüsse mischen und mit der Butter-Zucker-Mischung verrühren.

Die Frangipane-Masse auf dem Mürbeteigboden verteilen und mit der Rückseite eines in heißem Wasser erwärmten Löffels glatt streichen. Die Birnen mit einem Schaumlöffel aus der Pochierflüssigkeit nehmen, die Flüssigkeit aufbewahren. Die Birnenspalten in einem symmetrischen Muster dachziegelartig auf der Frangipane-Masse anordnen. Den Kuchen im heißen Ofen 20 Minuten backen, bis die Füllung goldgelb ist und auf Druck elastisch nachgibt. Aus dem Ofen nehmen und auf Raumtemperatur abkühlen lassen.

In der Zwischenzeit die Pochierflüssigkeit durch ein feines Sieb in einen Topf gießen, die Gewürze wegwerfen. Die Flüssigkeit aufkochen und bei reduzierter Hitze sirupartig einkochen lassen.

Die Tarte in Stücke schneiden und auf Dessertteller verteilen. Je 1 Kugel Honig-Thymian-Eiscreme danebensetzen und mit dem Sirup beträufeln.

Espressokuchen mit Kahlua-Creme

Für 8 Personen

170 g weiche Butter
170 g extrafeiner Zucker
3 Eier
170 g Mehl, mit 1 TL Backpulver vermischt
3 TL heißer Espresso oder starker Kaffee

FÜR DIE KAHLUA-CREME
90 g Butter
90 g Frischkäse (Doppelrahmstufe)
250 g Puderzucker
1 TL Vanilleextrakt
1 EL Kahlua (Kaffeelikör)

Kaffee-Schokoladen-Eiscreme (siehe Seite 172) zum Servieren

Den Backofen auf 170 °C vorheizen. Eine runde Kuchenform (22 cm Durchmesser) einfetten und mit Backpapier auskleiden.

Butter und Zucker mit dem Handrührgerät cremig rühren. Die Eier und jeweils 1 EL Mehl nacheinander gründlich unterschlagen. Nun zuerst das restliche Mehl, dann den Espresso oder Kaffee unterziehen.

Die Teigmasse in die vorbereitete Form füllen und im vorgeheizten Ofen 35–40 Minuten backen. Ein Holzstäbchen, das in die Mitte des Kuchens eingestochen wird, sollte sauber wieder herauskommen.

Den Kuchen in der Form abkühlen lassen und auf ein Gitter stürzen.

Die Zutaten für die Kahlua-Creme in der Küchenmaschine oder im Mixer zu einer glatten Masse verarbeiten. Den Kuchen großzügig damit bestreichen, in Stücke schneiden und mit Kaffee-Schokoladen-Eiscreme servieren.

Apfel-Quitten-Tarte mit Mandeln

Für 8 Personen

2 fertig ausgerollte Scheiben Blätterteig
75 g Butter
4 große Äpfel der Sorte Granny Smith, geschält, entkernt, in Spalten geschnitten
2 TL brauner Zucker
75 g Quittenpaste (ersatzweise Quitten- oder Apfelmus)

FÜR DIE FRANGIPANE-MASSE
125 g weiche Butter
125 g extrafeiner Zucker
2 Eier
30 g Mehl
125 g gemahlene Mandeln

25 g Mandelblättchen, geröstet
Vanilleeiscreme (siehe Seite 162) zum Servieren

Zwei Backbleche mit Backpapier auslegen. Aus den Blätterteigscheiben je 1 Kreis von 20 cm Durchmesser ausschneiden und auf die vorbereiteten Bleche legen. Mit der Spitze eines Messers den Teig im Abstand von 2,5 cm vom Rand rundum einritzen, aber nicht ganz durchschneiden. Die Teigböden vor der Verwendung für 30 Minuten in den Kühlschrank stellen.

Den Backofen auf 200 °C vorheizen.

Für die Frangipane-Masse Butter und Zucker mit dem Handrührgerät cremig rühren. Die Eier nacheinander gründlich unterschlagen. In einer zweiten Schüssel Mehl und gemahlene Mandeln mischen und unter die Buttermischung ziehen.

Mit einer Palette oder einem Teigschaber die Frangipane-Masse auf den beiden Blätterteigböden gleichmäßig innerhalb des markierten Randes verstreichen. Die Böden im vorgeheizten Ofen in 15–20 Minuten goldgelb und knusprig backen.

In der Zwischenzeit 75 g Butter in einer großen Pfanne bei mittlerer Hitze zerlassen. Sobald die Butter zu schäumen beginnt, die Apfelspalten hineingeben und rundum goldbraun braten. Den Zucker und die Quittenpaste hinzugeben und weitergaren, bis die Äpfel weich werden. Vom Herd nehmen.

Kurz vor dem Servieren die warmen Äpfel auf den beiden Teigböden verteilen, mit dem ausgetretenen Saft aus der Pfanne beträufeln und mit den Mandelblättchen bestreuen. Die Tartes in Stücke schneiden und mit Vanilleeiscreme servieren.

Süßkartoffelkuchen mit Honig-Zimt-Sahne

Für 8 Personen

190 g Mehl
$1^1/_2$ TL Backpulver
1 TL Salz
1 TL frisch geriebene Muskatnuss
1 TL gemahlener Zimt
185 ml mildes Olivenöl oder Pflanzenöl
340 g extrafeiner Zucker
3 Eier
350 g Süßkartoffeln mit orangefarbenem Fleisch, geschält und fein gerieben
100 g Pinienkerne
gemahlener Zimt zum Bestäuben
Puderzucker zum Bestäuben

FÜR DIE HONIG-ZIMT-SAHNE
250 ml süße Sahne
1 EL flüssiger Honig
1 Prise gemahlener Zimt

Den Backofen auf 170 °C vorheizen. Eine Springform (26 cm Durchmesser) einfetten und mit Backpapier auskleiden.

Mehl, Backpulver, Salz und Gewürze in eine große Schüssel sieben. In einer zweiten Schüssel das Öl und den Zucker verquirlen und nacheinander die Eier unterschlagen.

Eine Mulde in die Mehlmischung drücken, die Eiermischung hineingießen und nach und nach gründlich unterrühren. Süßkartoffeln und Pinienkerne mit einer Gabel einarbeiten. Den Teig in die vorbereitete Form füllen und im heißen Ofen 50 Minuten backen. Ein Holzstäbchen, das in die Mitte des Kuchens eingestochen wird, sollte sauber wieder herauskommen. Den Kuchen aus dem Ofen nehmen, in der Form abkühlen lassen und auf ein Kuchengitter stürzen.

Für die Honig-Zimt-Sahne die Sahne steif schlagen, bis sich weiche Spitzen bilden. Den Honig und den Zimt unterziehen.

Den Kuchen in Stücke schneiden. Leicht mit Zimt und Puderzucker bestäuben und mit einem Klecks Honig-Zimt-Sahne servieren.

Pinienkern-Tarte mit Orangen-Crème-fraîche und Rosinensirup

Für 8 Personen

250 g weiche Butter
250 g extrafeiner Zucker
110 g flüssiger Honig
Salz
3 Eier
150 g Mehl
frische Thymianblätter, gehackt
abgeriebene Schale von 1 unbehandelten Orange
250 g Pinienkerne, leicht geröstet
1 rechteckige Kuchenform (35 x 12 x 3 cm) mit blindgebackenem Mürbeteigboden (siehe Seite 177)

FÜR DIE ORANGEN-CRÈME-FRAÎCHE
500 g Crème fraîche oder Sauerrahm
$^1/_2$ Vanilleschote, längs aufgeschnitten, Mark herausgekratzt
abgeriebene Schale von 1 unbehandelten Orange
$1^1/_2$ EL frisch gepresster Orangensaft
1–2 EL Puderzucker

FÜR DEN ROSINENSIRUP
200 g Rosinen
100 g extrafeiner Zucker
100 g flüssiger Honig
60 ml Weinbrand
abgeriebene Schale und frisch gepresster Saft von 2 unbehandelten Orangen

Den Backofen auf 170 °C vorheizen.

Butter, Zucker, Honig und 1 Prise Salz mit dem Handrührgerät cremig rühren. Zuerst die Eier, dann das Mehl gründlich untermischen. Thymian, Orangenschale und Pinienkerne hinzufügen. Auf dem Mürbeteigboden verteilen und im heißen Ofen in 30–35 Minuten goldgelb backen. Aus dem Ofen nehmen und auf Raumtemperatur abkühlen lassen.

Für die Orangen-Crème-fraîche Sahne, Vanillemark, Orangenschale und -saft sorgfältig glatt rühren. Puderzucker nach Belieben untermischen. Bis zur Verwendung im Kühlschrank aufbewahren.

Für den Rosinensirup die Rosinen in eine Schüssel geben. Die restlichen Zutaten in einem kleinen Topf bei mittlerer Temperatur erhitzen und dabei rühren, bis sich der Zucker aufgelöst hat. Vom Herd nehmen und den entstandenen Sirup über die Rosinen gießen. Zum Abkühlen beiseitestellen.

Den Kuchen in Dreiecke schneiden und auf Teller verteilen. Etwas Rosinensirup darüberträufeln und mit einem Klecks Orangen-Crème-fraîche servieren.

SPECIAL EFFECTS

Ein gutes Essen spricht alle Sinne an, doch besonders wichtig ist der visuelle Reiz. Die Desserts auf den folgenden Seiten sind darum auch beeindruckende Kreationen für das Auge. Zwar verlangt die Zubereitung ein wenig Zeit und Geduld, aber der spektakuläre Ausklang eines großartigen Essens ist garantiert.

Lakritzparfait, Mangosorbet und Sesamwaffeln

Für 10 Personen

70 g Lakritze von guter Qualität
250 ml süße Sahne
4 Eier, getrennt
60 g extrafeiner Zucker

FÜR DEN NOILLY-PRAT-KARAMELL
250 g extrafeiner Zucker
50 ml Noilly Prat (trockener Wermut)

20 Sesamwaffeln (siehe Seite 184)
Mangosorbet (siehe Rezept für Fruchtsorbet auf Seite 158) zum Servieren

Die Lakritze und 125 ml süße Sahne in einem kleinen Topf bei mittlerer Temperatur erhitzen und dabei rühren, bis sich die Lakritze auflöst. Vom Herd nehmen und mit dem Stabmixer cremig pürieren. Auf Raumtemperatur abkühlen lassen.

Die Eigelbe und 30 g Zucker in einer hitzebeständigen Schüssel auf einen Topf mit köchelndem Wasser setzen und so lange schlagen, bis sich das Volumen verdoppelt hat. Vom Herd nehmen und weiterschlagen, bis die Mischung abgekühlt ist.

Die Eiweiße mit dem Handrührgerät steif schlagen, bis sich weiche Spitzen bilden. Nach und nach den restlichen Zucker hinzufügen. Die restliche Sahne halbsteif schlagen.

Die Lakritzmischung gleichmäßig unter die Eigelbmischung rühren, dann den Eischnee und zuletzt die geschlagene Sahne unterheben.

Eine dreieckige Terrinenform (30 x 12 x 10 cm) mit Klarsichtfolie auskleiden und die Folie an den Seiten etwa 4 cm überhängen lassen. Die Parfaitmischung einfüllen und die Form leicht auf die Arbeitsfläche aufstoßen, um Luftblasen zu entfernen. Die überhängende Folie vorsichtig über die Mischung legen und diese über Nacht im Tiefkühlfach gefrieren lassen.

Für den Noilly-Prat-Karamell den Zucker in einem kleinen Topf mit schwerem Boden knapp mit Wasser bedecken. Bei mittlerer Temperatur erhitzen und dabei rühren, bis sich der Zucker aufgelöst hat. Aufkochen und nun ohne zu rühren kochen lassen, bis ein hellgoldener Karamell entstanden ist. Sofort vom Herd nehmen und sehr vorsichtig (der heiße Karamell spritzt) den Noilly Prat und 100 ml Wasser hinzugießen. Nochmals erwärmen und glatt rühren. Den Noilly-Prat-Karamell zum Abkühlen beiseitestellen.

Die Dessertteller mit etwas Karamell beträufeln und jeweils eine Sesamwaffel in die Mitte legen. Das Parfait aus der Form auf ein Brett stürzen, die Folie entfernen. Mit einem in heißem Wasser erwärmten Messer das Parfait in 10 Scheiben schneiden. Je eine Scheibe Parfait auf eine Waffel legen und eine weitere Waffel daraufsetzen. Mit 1 Kugel Mangosorbet servieren.

Gebackene Feigen mit Balsamico-Karamell-Eiscreme und Hafer-Tuiles

Für 12 Personen

FÜR DIE HAFER-TUILES
90 g weiche Butter
60 g Puderzucker
abgeriebene Schale von 2 unbehandelten Zitronen
180 g flüssiger Honig
100 g Mehl
50 g Haferflocken, leicht geröstet

FÜR DEN FEIGENSIRUP
70 g extrafeiner Zucker
250 ml frisch gepresster Orangensaft
180 g frische Feigen, gehackt
2 ganze Sternanis
6 ganze schwarze Pfefferkörner

12 große oder 18 kleine frische Feigen, halbiert
Puderzucker zum Bestäuben
Balsamico-Karamell-Eiscreme (siehe Seite 165) zum Servieren

Den Backofen auf 160 °C vorheizen.

Butter, Zucker und Zitronenschale für die Hafer-Tuiles mit dem Handrührgerät cremig rühren. Honig und Mehl unterschlagen, bis ein glatter Teig entsteht.

Auf ein Stück Backpapier 3 Kreise von je 10 cm Durchmesser zeichnen und das Papier umgedreht auf ein Backblech legen. Den Vorgang mit einem weiteren Stück Backpapier und einem weiteren Blech wiederholen, bis der Teig aufgebraucht ist.

Mit einem Teigspachtel je eine dünne Schicht Teig auf die aufgezeichneten Kreise streichen. Mit Haferflocken bestreuen und im heißen Ofen 3–5 Minuten backen, bis die Tuiles gleichmäßig goldgelb sind.

Herausnehmen, die Teigkreise sofort mit einer Palette ablösen und noch warm um ein Nudelholz legen. Die 3 Kreise sollten nebeneinander darauf Platz haben. Werden die Kreise zu hart, um sie abzulösen, das Blech nochmals kurz in den Ofen schieben. Mit der übrigen Teigmischung ebenso verfahren. Die fertigen Tuiles abkühlen lassen und in einem luftdichten Behälter aufbewahren. Sie halten sich einige Tage.

Für den Feigensirup in einen kleinen Topf den Zucker geben und so viel Wasser hinzufügen, dass er gerade bedeckt ist. Bei mittlerer Temperatur erhitzen und dabei rühren, bis sich der Zucker aufgelöst hat. Aufkochen und nun ohne zu rühren kochen lassen, bis ein hellgoldener Sirup entsteht. Sofort vom Herd nehmen und sehr vorsichtig (der heiße Karamell spritzt) den Orangensaft hineingießen. Gehackte Feigen, Sternanis und Pfefferkörner zufügen. Erneut aufkochen und 3 Minuten kochen lassen. Vom Herd nehmen und leicht abkühlen lassen. Durch ein feines Sieb gießen und möglichst viel Flüssigkeit herauspressen.

Den Backofen auf 200 °C vorheizen, ein Backblech mit Backpapier auslegen. Die halbierten Feigen mit der Schnittseite nach oben auf das Blech legen. Mit Puderzucker bestäuben und im heißen Ofen 5–8 Minuten backen, bis die Feigen goldgelb sind und zu karamellisieren beginnen.

Je 1 Tuile auf einen Teller legen und 2–3 Feigenhälften in der Mitte verteilen. Die Früchte mit dem Feigensirup beträufeln und mit Balsamico-Karamell-Eiscreme servieren.

Espresso-Toffee-Tiramisu

Für 8 Personen

FÜR DEN ESPRESSO-TOFFEE-KARAMELL
370 g extrafeiner Zucker
$1^1/_2$ EL Glukosesirup
2 EL Tia Maria (Kaffeelikör)
$1^1/_2$ EL heißer Espresso oder starker Kaffee
125 ml süße Sahne

FÜR DIE MASCARPONECREME
500 g Mascarpone
110 g extrafeiner Zucker
6 Eier, getrennt
250 ml süße Sahne, halbsteif geschlagen

Zartbitterschokolade von guter Qualität (etwa Kuvertüre), gerieben, zum Garnieren
Löffelbiskuits oder andere Kekse zum Servieren (siehe Tipp)

Für den Espresso-Toffee-Karamell Zucker, Glukosesirup und 150 ml Wasser in einem Topf bei mittlerer Temperatur erhitzen und dabei rühren, bis sich der Zucker aufgelöst hat. Aufkochen und nun ohne zu rühren kochen lassen, bis ein goldbrauner Karamell entstanden ist. Sofort vom Herd nehmen und sehr vorsichtig (der heiße Karamell spritzt) Tia Maria und Espresso oder Kaffee einrühren. Erneut erhitzen und glatt rühren. Die Sahne untermischen, bis zum Siedepunkt erhitzen, vom Herd nehmen und zum Abkühlen beiseitestellen.

Für die Mascarponecreme den Mascarpone und $1^1/2$ EL Zucker in einer Schüssel mit dem Handrührgerät cremig aufschlagen. In einer zweiten Schüssel die Eigelbe und weitere $1^1/2$ EL Zucker schaumig schlagen und unter die Mascarponemischung ziehen.

Die Eiweiße steif schlagen, bis sich feste Spitzen bilden. Nach und nach den restlichen Zucker zufügen. Den Eischnee ebenfalls unter die Mascarponemischung heben. Zuletzt die geschlagene Sahne unterziehen.

Zur Fertigstellung je 1 EL Espresso-Toffee-Karamell in 8 Dessertgläser (250–300 ml Fassungsvermögen) geben, 1 gehäuften EL Mascarponecreme darüber verteilen und diese Schichten wiederholen, bis die Gläser gefüllt sind. Mit einer Schicht Mascarponecreme abschließen. Im Kühlschrank kalt stellen. Zum Servieren mit geriebener Schokolade bestreuen und mit Löffelbiskuits oder anderen Keksen zum Dippen servieren.

TIPP: Sie können das Tiramisu mit fertig gekauften Löffelbiskuits servieren, noch besser schmecken allerdings selbst gebackene Savoiardi (siehe Seite 144).

Karamellisierte Birnenterrine mit Milcheiscreme und Ingwerbrot

Für 10 Personen

2 kg Birnen der Sorte Beurre Bosc, geschält, geviertelt, Kerngehäuse entfernt
frisch gepresster Saft von 2 Zitronen
500 g extrafeiner Zucker
125 ml frisch gepresster Orangensaft
1 Zimtstange
4 grüne Kardamomkapseln, geröstet, im Mörser zerstoßen
1 Vanilleschote, längs aufgeschnitten, Mark herausgekratzt
100 ml leichter Dessertwein
abgeriebene Schale von 1 unbehandelten Limette
1 EL frisch gepresster Limettensaft
6 Blatt Gelatine, in kaltem Wasser eingeweicht und ausgedrückt

Milcheiscreme (siehe Seite 159) zum Servieren
Ingwerbrot (siehe Seite 180) zum Servieren
Puderzucker zum Bestäuben

Birnen und Zitronensaft in eine Schüssel geben und die Birnen mit Wasser bedecken (durch die Zitronensäure verfärben sich die Birnen nicht).

In einem großen Topf Zucker und 250 ml Wasser bei mittlerer Temperatur erhitzen und dabei rühren, bis sich der Zucker aufgelöst hat. Aufkochen und nun ohne zu rühren kochen lassen, bis ein goldbrauner Karamell entstanden ist. Sofort vom Herd nehmen und sehr vorsichtig (der heiße Karamell spritzt) den Orangensaft hinzufügen. Erneut erhitzen und den Karamell glatt rühren. Wieder vom Herd nehmen und Zimtstange, Kardamom, Vanilleschote und -mark hinzufügen.

Die Birnen abgießen, in den Karamell geben, mit Backpapier bedecken und schwach erhitzen. Köcheln lassen, bis die Birnen weich sind, dabei gelegentlich umrühren. Vom Herd nehmen und etwas abkühlen lassen.

Die Birnen mit einem Schaumlöffel aus dem Karamell heben und in eine Schüssel geben.

Den Karamell durch ein feines Sieb gießen und die Gewürze wegwerfen. 400 ml Karamell abmessen und in eine Schüssel füllen (den restlichen Karamell zum Garnieren aufbewahren). Dessertwein, Limettenschale und -saft hinzufügen und die ausgedrückte Gelatine unterrühren, bis sie sich vollständig aufgelöst hat.

Eine rechteckige Terrinenform (30 x 12 x 10 cm) mit Klarsichtfolie auskleiden und die Folie an allen Seiten etwa 4 cm überhängen lassen.

Die Birnenviertel dicht nebeneinander in die Form schichten und jede Lage mit etwas Karamell begießen. Die überhängende Folie vorsichtig über die Birnen legen und die Terrine über Nacht im Tiefkühlfach fest werden lassen.

Die Birnenterrine auf ein Brett stürzen, die Folie entfernen. Die Terrine in etwa 3 cm breite Scheiben schneiden und 5–10 Minuten Raumtemperatur annehmen lassen.

Die einzelnen Scheiben vorsichtig auf Dessertteller geben und je 1 Kugel Milcheiscreme daraufsetzen. Mit dem aufbewahrten Karamell beträufeln. Das Ingwerbrot mit etwas Puderzucker bestäuben und dekorativ gegen die Eiskugel lehnen.

Honig-Ziegenkäse-Parfait mit kandierten Walnüssen und Feigenchips

Für 8–10 Personen

140 g extrafeiner Zucker
2 EL Honig
6 Eigelb
450 ml süße Sahne, halbsteif geschlagen
4 EL Ziegenfrischkäse

FÜR DIE FEIGENCHIPS
2 große oder 3 mittelgroße frische Feigen
Puderzucker zum Bestäuben

1 Rezept Walnusskrokant (siehe Seite 184)
1 Rezept kandierte Walnüsse (siehe Seite 177)
250 ml Balsamicosirup (siehe Seite 176)

Zucker, Honig und 80 ml Wasser in einem kleinen Topf bei mittlerer Temperatur erhitzen und dabei rühren, bis sich der Zucker aufgelöst hat. Zum Kochen bringen und bei reduzierter Hitze unter ständigem Rühren 15–20 Minuten köcheln lassen, bis das Zuckerthermometer eine Temperatur von 120 °C anzeigt und sich kleine Ballen bilden lassen (siehe Glossar, Seite 187).

Die Eigelbe mit dem Handrührgerät leicht verquirlen. Hat der Sirup 120 °C erreicht, diesen in einem gleichmäßigen dünnen Strahl und unter ständigem Schlagen in das Eigelb gießen. Mit einem Schneebesen zuerst die geschlagene Sahne, dann den Ziegenkäse unterziehen.

Eine Kastenform (28 x 10 x 8 cm) mit Klarsichtfolie auskleiden und die Folie an allen Seiten etwa 4 cm überhängen lassen. Die Parfaitmischung in die Form füllen und die Form leicht auf die Arbeitsfläche aufstoßen, um Luftblasen zu entfernen. Die überhängende Folie vorsichtig über die Oberfläche legen und das Parfait über Nacht im Tiefkühlfach gefrieren lassen.

Den Backofen auf 60–70 °C oder auf niedrigster Stufe vorheizen. Ein Backblech einfetten, mit Backpapier auslegen und großzügig mit Puderzucker bestreuen.

Für die Feigenchips die Früchte mit einem scharfen Messer oder einer Mandoline in sehr feine Scheiben schneiden. Nebeneinander auf dem Blech verteilen, mit Puderzucker bestäuben und mehrere Stunden im Ofen trocknen, bis die Feigen schön knusprig sind. Abkühlen lassen und bis zur Verwendung in einem luftdichten Behälter aufbewahren.

Den Walnusskrokant in der Küchenmaschine oder im Mixer fein zerkleinern. Ein Stück Klarsichtfolie auf der Arbeitsfläche ausbreiten und gleichmäßig mit den Krokantkrümeln bestreuen. Das Parfait aus der Form an einem Ende der Folie auf den Krokant stürzen und mithilfe der Folie vorsichtig über den Krokant rollen, sodass es schließlich ganz mit Krokant bedeckt und in Folie gewickelt ist. Vor dem Servieren nochmals für mindestens 30 Minuten ins Tiefkühlfach stellen.

Die Klarsichtfolie vorsichtig vom Parfait entfernen. Das Parfait mit einem in heißem Wasser erwärmten Messer in etwa 3 cm dicke Scheiben schneiden und auf Dessertteller verteilen. Einige Feigenchips und kandierte Walnüsse hinzufügen und etwas Balsamicosirup auf die Teller träufeln.

Vanillepfirsiche mit gerösteter Brioche und Mascarpone

Für 6 Personen

170 g extrafeiner Zucker
6 große oder 9 mittelgroße reife, aber feste Pfirsiche, geviertelt, entsteint
1 Vanilleschote, längs aufgeschnitten, oder 1 TL Vanilleextrakt
2 EL Weinbrand
frisch gepresster Saft von 1 Zitrone
etwas Butter
6 Scheiben Brioche, jeweils etwa 1,5 cm dick

Mascarpone zum Servieren
Puderzucker zum Bestäuben

In einem Topf mit schwerem Boden den Zucker und 80 ml Wasser bei mittlerer Temperatur erhitzen und dabei rühren, bis sich der Zucker aufgelöst hat. Aufkochen und nun ohne zu rühren kochen lassen, bis ein hellgoldener Sirup entstanden ist. Sofort vom Herd nehmen und sehr vorsichtig (der heiße Karamell spritzt) die Pfirsiche und das Vanillemark oder den Vanilleextrakt hineingeben.

Erneut auf den Herd stellen und bei mittlerer Hitze kochen lassen, bis die Pfirsiche gerade weich werden. Falls nötig, noch etwas Wasser dazugießen, damit der Sirup seine Konsistenz behält. Die Pfirsiche vom Herd nehmen und Weinbrand, Zitronensaft und Butter vorsichtig einrühren.

Den Backofengrill auf hoher Stufe vorheizen und die Brioche-Scheiben von beiden Seiten leicht rösten. Die Scheiben diagonal halbieren und je 2 Hälften auf Dessertteller geben. Die Pfirsiche mit dem Sirup darauf verteilen und mit einem Klecks Mascarpone krönen. Mit Puderzucker bestäuben und servieren.

Kokosparfait und Ananassorbet auf Ananas-Limetten-Salsa

Für 10 Personen

110 g extrafeiner Zucker
500 ml Kokosmilch (Konserve)
50 g Glukosesirup
frisch gepresster Saft von 3 Limetten
3 Blatt Gelatine, in kaltem Wasser eingeweicht und ausgedrückt
abgeriebene Schale von 1 unbehandelten Limette

FÜR DEN KOKOSSIRUP
440 ml Kokosmilch (Konserve)
2 EL extrafeiner Zucker

FÜR DIE ANANAS-LIMETTEN-SALSA
1/2 Ananas, das harte Innere entfernt, Fruchtfleisch fein gewürfelt
frisch gepresster Saft von 1 Limette
abgeriebene Schale von 1/2 Limette
1 Kaffirlimettenblatt, in dünne Streifen geschnitten
1 TL gewürfelte frische rote Chilischote (ohne Samen und Scheidewände)
einige Minzeblätter, in feine Streifen geschnitten

10 Sesamwaffeln (siehe Seite 184)
Ananassorbet (siehe Seite 158) zum Servieren
frisch gehobelte Kokosnuss zum Garnieren

Den Zucker und 100 ml Kokosmilch in einem Topf mit schwerem Boden bei mittlerer Temperatur erhitzen und dabei rühren, bis sich der Zucker aufgelöst hat. Glukosesirup, Limettensaft und die restliche Kokosmilch hinzufügen und die Mischung zum Kochen bringen. Vom Herd nehmen und die ausgedrückte Gelatine in der Flüssigkeit auflösen. Im Kühlschrank erkalten lassen und dann in einer Eismaschine nach Herstellerangaben gefrieren lassen. Wenn die Masse körnig wird, die Limettenschale untermischen. Falls keine Eismaschine zur Verfügung steht, die Parfaitmasse in einen flachen Metallbehälter füllen, ins Tiefkühlfach stellen und regelmäßig durchrühren, bis ein cremiges Parfait entstanden ist.

Eine dreieckige Terrinenform (30 x 12 x 10 cm) mit Klarsichtfolie auskleiden und die Folie an den Seiten etwa 4 cm überhängen lassen. Die Parfaitmischung in die Form füllen und die Form leicht auf die Arbeitsfläche aufstoßen, um Luftblasen zu entfernen. Die überhängende Folie vorsichtig über die Mischung legen und das Parfait über Nacht im Tiefkühlfach gefrieren lassen.

Für den Kokossirup die Kokosmilch und den Zucker in einem Topf bei mittlerer Temperatur erhitzen und dabei rühren, bis sich der Zucker aufgelöst hat. Aufkochen und bei reduzierter Hitze köcheln lassen, bis die Mischung sirupartig eindickt. Vom Herd nehmen, abkühlen lassen und in den Kühlschrank stellen.

Die Zutaten für die Ananas-Limetten-Salsa in einer Schüssel vermischen und 15 Minuten durchziehen lassen.

Zum Servieren je 1 EL Salsa auf Dessertteller geben. Das Kokosparfait aus der Form auf ein Brett stürzen, die Folie entfernen. Mit einem in heißem Wasser erwärmten Messer das Parfait in etwa 3 cm dicke Scheiben schneiden und je 1 Scheibe auf eine Portion Salsa geben. Mit einer Sesamwaffel bedecken und mit 1 Kugel Ananassorbet krönen. Rundum etwas Kokossirup auf die Teller träufeln und mit gehobelter Kokosnuss garnieren.

Quitten-Trifle

Für 6 Personen

1 Rezept pochierte Quitten (siehe Seite 181)
750 ml Rotwein
8 Blatt Gelatine, in kaltem Wasser eingeweicht und ausgedrückt
100 g Löffelbiskuits (siehe Tipp)

300 ml süße Sahne, steif geschlagen
70 g Haselnüsse, geröstet, enthäutet und fein gehackt
einige frische Basilikum- und Minzeblätter, in feine Streifen geschnitten

Die Quitten nach Rezeptangaben pochieren und 700 ml der Pochierflüssigkeit abmessen und beiseitestellen.

Den Wein in einem Topf bei mittlerer Hitze aufkochen und bei geringer Temperatur auf die Hälfte reduzieren. Vom Herd nehmen.

In einem sauberen Topf den Quittensirup und den reduzierten Wein aufkochen. Die ausgedrückte Gelatine unterrühren, bis sie sich vollständig aufgelöst hat. Vom Herd nehmen, durch ein feines Sieb gießen und zum Abkühlen beiseitestellen.

Den Boden von 6 Serviergläsern mit Löffelbiskuits auslegen. Falls nötig, die Kekse durchbrechen. Rotweinmischung angießen, bis die Biskuits bedeckt sind. Die Flüssigkeit 2–3 Minuten einziehen lassen, dann die Hälfte der Quitten auf die Gläser verteilen. Zum Festwerden mehrere Stunden in den Kühlschrank stellen. Für die Garnitur die restlichen Quitten würfeln.

Zum Servieren die gewürfelten Quitten in die Gläser geben, je 1 EL Sahne daraufsetzen und mit Haselnüssen, Basilikum und Minze bestreuen.

TIPP: Sie können für dieses Rezept fertig gekaufte Löffelbiskuits verwenden, ganz besonders köstlich schmeckt es aber mit selbst gebackenen Savoiardi (siehe Seite 144).

Zabaione mit Savoiardi

Für 6 Personen

FÜR DIE SAVOIARDI
2 Eier
125 ml Olivenöl
170 g extrafeiner Zucker
1 TL Vanilleextrakt
abgeriebene Schale von 1 unbehandelten Orange
1 EL frisch gepresster Orangensaft
450–500 g Mehl, mit 1 Päckchen Backpulver vermischt
Puderzucker zum Bestäuben

FÜR DIE ZABAIONE
8 Eigelb
70 g extrafeiner Zucker
200 ml Marsala oder süßer Sherry von guter Qualität

Den Backofen auf 180 °C vorheizen. Mehrere Backbleche einfetten und mit Backpapier auslegen.

Für die Savoiardi Eier, Olivenöl, Zucker, Vanilleextrakt, Orangenschale und -saft in einer großen Schüssel verquirlen. Nach und nach so viel Mehl unterrühren, dass ein weicher Teig entsteht. Den Teig in 3 gleich große Stücke schneiden und auf der bemehlten Arbeitsfläche jeweils zu einer etwa 2 cm dicken Rolle formen. Leicht diagonal jeweils in 6 cm breite Stücke schneiden.

Die Savoiardi leicht in Puderzucker wälzen und im Abstand von 3–4 cm auf den vorbereiteten Blechen verteilen. Im heißen Ofen in 10–12 Minuten goldgelb backen. Auf dem Blech vollständig auskühlen lassen.

In einem luftdichten Behälter halten sich die Plätzchen mehrere Tage.

Für die Zabaione die Zutaten in einer hitzebeständigen Schüssel über köchelndem Wasser ununterbrochen schlagen, bis sie dick und schaumig ist und ihr Volumen verdoppelt hat. Auf 6 Martinigläser verteilen und mit je 1–2 Savoiardi sofort servieren.

Karamell-Soufflés

Für 6 Personen

zerlassene Butter für die Förmchen
extrafeiner Zucker
6 Eiweiß
$^1/_2$ Rezept Karamellfüllung (siehe Seite 181)

Puderzucker zum Bestäuben
Vanilleeiscreme (siehe Seite 162) zum Servieren

Den Backofen auf 180 °C vorheizen. 6 Soufflé-Förmchen aus Keramik (185 ml Fassungsvermögen) mit zerlassener Butter ausstreichen. Mit Puderzucker bestäuben und den überschüssigen Puderzucker abklopfen.

Die Karamellfüllung zubereiten wie im Rezept auf Seite 181 beschrieben.

Die Eiweiße in einen Messbecher geben, abmessen und in eine Schüssel gießen. Die gleiche Menge Zucker (Volumen) genau abmessen. Das Eiweiß steif schlagen, bis sich weiche Spitzen bilden, dann nach und nach den gesamten Zucker unterschlagen.

Die Karamellfüllung und 1 gehäuften EL Eischnee in einer Schüssel mit einem großen Schneebesen gut verrühren. Den restlichen Eischnee vorsichtig unterziehen, jedoch nicht zu lange bearbeiten, damit der Eischnee schön locker bleibt.

Die Karamell-Eischnee-Masse in die Soufflé-Förmchen füllen und mit einem Teigschaber glatt streichen. Mit dem Daumen oder einem Messer am inneren Rand der Förmchen entlangfahren, um die Masse vom Rand zu lösen. So können die Soufflés beim Backen gleichmäßig aufgehen.

Im heißen Ofen 10–12 Minuten backen, bis die Soufflés 1–2 cm aufgegangen sind und eine goldgelbe Farbe angenommen haben.

Mit Puderzucker bestäuben und in der Form auf Teller setzen. Sofort mit Vanilleeiscreme servieren.

Passionsfrucht-Soufflés mit Passionsfruchteiscreme

Für 6 Personen

zerlassene Butter für die Förmchen
70 g extrafeiner Zucker, plus mehr zum Bestreuen
250 ml Passionsfruchtfleisch, durch ein Sieb gestrichen, 1 TL Samen aufbewahrt
40 g Maisstärke
6 Eiweiß

Puderzucker zum Bestäuben
Passionsfruchteiscreme (siehe Seite 163) zum Servieren

6 Soufflé-Förmchen aus Keramik (185 ml Fassungsvermögen) mit zerlassener Butter ausstreichen. Mit Puderzucker bestäuben und den überschüssigen Zucker abklopfen.

75 g Zucker und 50 ml Wasser in einem kleinen Topf bei mittlerer Temperatur erhitzen und dabei rühren, bis sich der Zucker aufgelöst hat. Das Passionsfruchtfleisch hinzufügen. Aufkochen und bei schwächerer Hitze um die Hälfte reduzieren.

Die Maisstärke mit 3 TL Wasser zu einer glatten Paste verrühren. Zu der reduzierten Flüssigkeit gießen und glatt rühren. Vom Herd nehmen, die Passionsfruchtsamen hinzufügen, beiseitestellen und auf Raumtemperatur abkühlen lassen.

Den Backofen auf 180 °C vorheizen.

Die Eiweiße in einen Messbecher geben, abmessen und in eine Schüssel gießen. Die gleiche Menge Zucker (Volumen) genau abmessen. Das Eiweiß steif schlagen, bis sich weiche Spitzen bilden, dann nach und nach den gesamten Zucker unterschlagen.

Mit einem großen Schneebesen 1 gehäuften EL Eischnee kräftig unter die Passionsfruchtreduktion schlagen, anschließend den restlichen Eischnee unterziehen, jedoch nicht zu lange vermischen, damit er schön locker bleibt.

Die Masse in die Soufflé-Förmchen füllen und mit einem Teigschaber glatt streichen. Mit dem Daumen oder einem Messer am inneren Rand der Förmchen entlangfahren, um den Teig vom Rand zu lösen. So können die Soufflés beim Backen gleichmäßig aufgehen.

Im heißen Ofen 10–12 Minuten backen, bis die Soufflés 1–2 cm über den Rand aufgegangen sind und eine goldgelbe Farbe angenommen haben.

Mit Puderzucker bestäuben und in der Form auf Teller setzen. Sofort mit 1 Kugel Passionsfruchteiscreme servieren.

Haselnussbaiser mit Himbeer-Mousse

Für 6 Personen

FÜR DIE HIMBEER-MOUSSE
200 g weiße Schokolade von guter Qualität (etwa Kuvertüre), gehackt
2 Eiweiß
50 g extrafeiner Zucker
375 ml süße Sahne, halbsteif geschlagen
125 ml Himbeer-Coulis (siehe Seite 183)

FÜR DAS HASELNUSSBAISER
4 Eiweiß
190 g extrafeiner Zucker
100 g gemahlene Haselnüsse
2 EL Mehl

Kakaopulver zum Bestäuben
frische Himbeeren zum Servieren

Für die Himbeer-Mousse die Schokolade in einer hitzebeständigen Schüssel auf einen Topf mit köchelndem Wasser setzen und schmelzen lassen. Ab und zu durchrühren, bis die Schokolade schön glatt und dickflüssig ist. Auf Raumtemperatur abkühlen lassen.

Die Eiweiße mit dem Handrührgerät steif schlagen, bis sich weiche Spitzen bilden. Nach und nach den gesamten Zucker unterschlagen.

Die abgekühlte Schokolade unter den Eischnee ziehen, dann die geschlagene Sahne und 3 EL Himbeer-Coulis unterheben. Den restlichen Himbeer-Coulis zum Garnieren aufbewahren.

Die Mousse in eine Glas- oder Keramikschüssel füllen, mit Klarsichtfolie bedecken und für mehrere Stunden in den Kühlschrank stellen.

Den Backofen auf 180 °C vorheizen. Auf 2 Stücke Backpapier mit großem Abstand jeweils 6 Kreise von 8 cm Durchmesser zeichnen und das Papier umgedreht auf zwei Backbleche legen.

Für das Haselnussbaiser die Eiweiße mit dem Handrührgerät steif schlagen, bis sich weiche Spitzen bilden. Nach und nach 65 g Zucker unterschlagen.

In einer zweiten Schüssel den restlichen Zucker gründlich mit den gemahlenen Haselnüssen und dem Mehl vermischen und unter den Eischnee ziehen.

Mit einer kleinen Palette die Baisermasse gleichmäßig auf die aufgezeichneten Kreise eines Blechs streichen. Im heißen Ofen 12–15 Minuten backen, bis das Baiser goldgelb und fest ist. Aus dem Ofen nehmen und vollständig abkühlen lassen. Mit der übrigen Masse ebenso verfahren, sodass insgesamt 12 Baiserkreise entstehen. Bis zur Verwendung in einem luftdichten Behälter aufbewahren.

Zum Servieren je 1 TL Himbeer-Mousse in die Mitte eines Tellers geben und eine Baiserscheibe daraufsetzen. Mit 2 EL Mousse bestreichen, eine weitere Baiserscheibe daraufsetzen und mit 1 TL Mousse abschließen. Mit Kakaopulver bestäuben und mit einigen frischen Himbeeren belegen. Zum Schluss rundum etwas Himbeer-Coulis träufeln.

Gefrorener Zuccotto

Für 6 Personen

1,25 l Vanilleeiscreme (siehe Seite 162)
250 g Zartbitterschokolade von guter Qualität (etwa Kuvertüre), gehackt
2 Eier
2 Eigelb
110 g extrafeiner Zucker
1 EL Cointreau
360 ml süße Sahne, halbsteif geschlagen
100 g Amaretti (Mandelmakronen) oder Löffelbiskuits, grob gehackt (siehe Tipp)
150 g Haselnüsse, geröstet, enthäutet und grob gehackt
150 g blanchierte Mandeln, geröstet und grob gehackt
100 g kandierte Früchte

FÜR DEN ORANGENSIRUP
110 g extrafeiner Zucker
abgeriebene Schale von 1 unbehandelten Orange

Die Eiscreme 5 Minuten vor der Verwendung aus dem Tiefkühlfach nehmen, damit sie etwas weicher wird.

Eine Schüssel (18 cm Durchmesser, 10 cm hoch) in eine größere Schüssel mit Eiswürfeln setzen. Mithilfe eines Löffels die kleine Schüssel mit einer 2 cm dicken Schicht Eiscreme auskleiden. Zügig arbeiten, damit das Eis nicht schmilzt. Für mehrere Stunden ins Tiefkühlfach stellen. Dabei immer wieder überprüfen, ob das Eis am Schüsselrand haften bleibt.

Die Schokolade in einer hitzebeständigen Schüssel auf einen Topf mit köchelndem Wasser setzen und schmelzen lassen. Ab und zu durchrühren, bis die Schokolade schön glatt und dickflüssig ist. Vom Herd nehmen und abkühlen lassen.

Eier, Eigelbe und Zucker in einer Schüssel hellgelb und schaumig schlagen. Die abgekühlte Schokolade und den Cointreau gründlich unterrühren. Mit einem großen Schneebesen vorsichtig die geschlagene Sahne unterheben. Zuletzt die Amaretti oder Löffelbiskuits, die Haselnüsse, Mandeln und kandierten Früchte unterziehen.

Die Schüssel mit der Eiscreme aus dem Tiefkühlfach nehmen, die Schokoladenmischung hineinfüllen und mit der Rückseite eines in heißem Wasser erwärmten Löffels glatt streichen. Mit Backpapier bedecken und über Nacht im Tiefkühlfach stehen lassen.

Für den Orangensirup den Zucker und 125 ml Wasser in einem kleinen Topf bei mittlerer Temperatur erhitzen und dabei rühren, bis sich der Zucker aufgelöst hat. Aufkochen, die Orangenschale hinzugeben, die Hitze reduzieren und die Mischung 5 Minuten köcheln lassen. Vom Herd nehmen und abkühlen lassen. Bis zur Verwendung kühl stellen.

Den Zuccotto 1–2 Stunden vor dem Servieren aus dem Tiefkühlfach nehmen. Das Backpapier entfernen und die Schüssel kurz in heißes Wasser tauchen, damit sich der Zuccotto von der Schüssel löst. Auf einen Teller oder ein Brett stürzen und zurück ins Tiefkühlfach stellen.

Zum Servieren den Zuccotto mit einem in heißem Wasser erwärmten Messer in Portionsstücke schneiden und auf Teller verteilen. Rundum den Sirup träufeln.

TIPP: Sie können für dieses Rezept fertig gekaufte Löffelbiskuits verwenden, noch besser schmecken allerdings selbst gebackene Savoiardi (siehe Seite 144).

Nugat-Glacé mit Haselnüssen und Mandeln

Für 10 Personen

80 g gemischte Trockenfrüchte
70 g kandierte Kirschen, gehackt
$2^1/_2$ EL Grand Marnier
110 g extrafeiner Zucker
40 g Haselnüsse, geröstet und enthäutet
40 g ganze blanchierte Mandeln, geröstet
abgeriebene Schale von 1 unbehandelten Limette
2 EL extrafeiner Zucker
2 EL flüssiger Honig
35 g Glukosesirup
3 Eiweiß
375 ml süße Sahne, halbsteif geschlagen

FÜR DEN FRUCHTSIRUP
110 g extrafeiner Zucker
100 g gemischte Trockenfrüchte, grob gehackt
$2^1/_2$ EL Grand Marnier

Die Trockenfrüchte und die kandierten Kirschen mehrere Stunden oder über Nacht in Grand Marnier einweichen. Ein Backblech einfetten und mit Backpapier auslegen.

Den Zucker in einem Topf mit schwerem Boden knapp mit Wasser bedecken. Bei mittlerer Temperatur erhitzen und dabei rühren, bis sich der Zucker aufgelöst hat. Aufkochen und nun ohne zu rühren kochen lassen, bis ein goldbrauner Karamell entsteht. Sofort vom Herd nehmen und Haselnüsse, Mandeln und Limettenschale hineingeben.

Die Mischung zügig auf das vorbereitete Blech gießen und mit der Rückseite eines in heißem Wasser erwärmten Löffels glatt streichen. Vollständig abkühlen lassen. Den fertigen Krokant im Mörser oder in der Küchenmaschine zerkleinern.

2 EL Zucker mit dem Honig und dem Glukosesirup in einem Topf mit schwerem Boden bei mittlerer Temperatur erhitzen und dabei rühren, bis sich der Zucker aufgelöst hat. Aufkochen und bei reduzierter Hitze unter ständigem Rühren 15–20 Minuten köcheln lassen, bis das Zuckerthermometer eine Temperatur von 120 °C anzeigt und sich kleine Ballen bilden lassen (siehe Glossar, Seite 187).

Die Eiweiße steif schlagen, bis sich feste Spitzen bilden. Hat der Sirup 120 °C erreicht, diesen in einem gleichmäßigen, dünnen Strahl unter ständigem Schlagen in den Eischnee gießen. Mit einem Schneebesen zuerst die geschlagene Sahne, dann die eingeweichten Trockenfrüchte und den Krokant unterziehen.

Eine dreieckige Form (30 x 12 x 10 cm) mit Klarsichtfolie auskleiden und die Folie an den Seiten etwa 4 cm überhängen lassen. Die Nugatmischung einfüllen und die Form leicht auf die Arbeitsfläche aufstoßen, um Luftblasen zu entfernen. Die überhängende Folie vorsichtig über die Mischung legen und diese über Nacht im Tiefkühlfach gefrieren lassen.

Für den Fruchtsirup den Zucker mit 125 ml Wasser in einem kleinen Topf erhitzen und dabei rühren, bis sich der Zucker aufgelöst hat. Aufkochen und vom Herd nehmen. Das Trockenobst und den Grand Marnier einrühren, abkühlen lassen.

Das Nugat-Glacé auf ein Brett stürzen, die Folie entfernen. Mit einem in heißem Wasser erwärmten Messer 1,5 cm dicke Scheiben abschneiden und jeweils 2 Scheiben auf Teller verteilen. Den Fruchtsirup darüberträufeln oder separat reichen.

EISKALT & VERFÜHRERISCH

Eine Schale mit selbst gemachter Eiscreme ist oft genau das Richtige, um die Lust auf etwas Süßes zu stillen. Die Eiscremes, Sorbets und Granitas auf den folgenden Seiten überzeugen bereits ohne weitere Beigaben. Sie können die feinen Eisspezialitäten aber auch mit ihren Lieblingskeksen servieren oder als Begleiter zu einem der vielen wunderbaren Desserts in diesem Buch.

Sorbet aus grünen Äpfeln mit Apfelchips

Für 6 Personen

500 g Äpfel der Sorte Granny Smith, ungeschält, entkernt, geviertelt
frisch gepresster Saft von 1/2 Zitrone
250 g extrafeiner Zucker
3 TL Calvados oder Weinbrand (nach Belieben)
frisch gepresster Saft von 3 Zitronen

FÜR DIE APFELCHIPS
2 Äpfel der Sorte Granny Smith
Zitronensaft
extrafeiner Zucker zum Bestäuben

Die Apfelviertel mit Saft der halben Zitrone mischen, damit sie sich nicht verfärben. In einem fest verschlossenen Behälter über Nacht ins Tiefkühlfach stellen.

Den Zucker und 250 ml Wasser in einem Topf mit schwerem Boden bei mittlerer Temperatur erhitzen und dabei rühren, bis sich der Zucker aufgelöst hat. Aufkochen, vom Herd nehmen und abkühlen lassen. Bis zur Verwendung im Kühlschrank aufbewahren.

Die gefrorenen Äpfel, den Sirup, den Calvados oder Weinbrand (falls verwendet) und den Saft von 3 Zitronen in der Küchenmaschine oder im Mixer fein pürieren. Die Mischung in einer Eismaschine nach Herstellerangaben gefrieren lassen und ins Tiefkühlfach stellen. Wenn keine Eismaschine zur Verfügung steht, die Masse in einen flachen Metallbehälter füllen, ins Tiefkühlfach stellen und regelmäßig durchrühren, bis das Sorbet fertig ist.

Den Backofen auf 60–70 °C oder auf niedrigster Stufe vorheizen. Ein Backblech einfetten und mit Backpapier auslegen.

Die Äpfel für die Apfelchips mit der Mandoline oder einem scharfen Messer in sehr dünne Scheiben schneiden. Die Scheiben von beiden Seiten mit Zitronensaft bestreichen und nebeneinander auf dem vorbereiteten Blech verteilen. Mit Zucker bestäuben und mehrere Stunden im Ofen trocknen lassen, bis die Apfelscheiben schön knusprig sind. Abkühlen lassen und bis zur Verwendung in einem luftdichten Behälter aufbewahren. (Die Chips bleiben 1–2 Tage knusprig.)

Das Sorbet auf Dessertschälchen verteilen und mit den Apfelchips servieren.

Fruchtsorbet

Ergibt etwa 1 l

460 g extrafeiner Zucker
500 ml Fruchtpüree, etwa aus Mangos, Erdbeeren oder Himbeeren (siehe Tipp)

In einem Topf den Zucker mit 500 ml Wasser bei mittlerer Temperatur erhitzen und dabei rühren, bis er sich aufgelöst hat. Aufkochen, vom Herd nehmen und das Fruchtpüree unterrühren. Im Kühlschrank abkühlen lassen.

Die Mischung in einer Eismaschine nach Herstellerangaben gefrieren lassen und ins Tiefkühlfach stellen. Wenn keine Eismaschine zur Verfügung steht, die Masse in einen flachen Metallbehälter füllen, ins Tiefkühlfach stellen und regelmäßig durchrühren, bis das Sorbet gefroren ist.

TIPP: Fruchtpürees bekommen Sie in gut sortierten Supermärkten oder im Großhandel. Wenn Sie frische Erdbeeren oder Himbeeren verwenden möchten, die Früchte im Mixer pürieren und das Püree durch ein feines Sieb passieren, um die Samen zu entfernen.

Ananassorbet

Ergibt 1,5 l

500 g extrafeiner Zucker
800 ml Ananassaft (siehe Tipp)

Den Zucker mit 500 ml Wasser in einem Topf bei mittlerer Temperatur erhitzen und dabei rühren, bis sich der Zucker aufgelöst hat. Aufkochen, vom Herd nehmen und das Fruchtpüree unterrühren. Im Kühlschrank abkühlen lassen.

Die Mischung in einer Eismaschine nach Herstellerangaben gefrieren lassen und ins Tiefkühlfach stellen. Wenn keine Eismaschine zur Verfügung steht, die Masse in einen flachen Metallbehälter füllen, ins Tiefkühlfach stellen und regelmäßig durchrühren, bis das Sorbet gefroren ist.

TIPP: Für den Ananassaft das Fleisch von 2 frischen Ananas in Würfel schneiden. Im Mixer pürieren, durch ein feines Sieb streichen und die benötigte Menge abmessen oder einen Entsafter verwenden. Sie können aber auch fertigen ungesüßten Ananassaft verwenden.

Milcheiscreme

Ergibt etwa 1 l

180 g extrafeiner Zucker
100 g Glukosesirup
700 ml Vollmilch

Zucker, Glukosesirup und 250 ml Milch in einem großen Topf bei mittlerer Temperatur erhitzen und dabei rühren, bis sich der Zucker aufgelöst hat. Die Mischung nicht aufkochen lassen. Vom Herd nehmen, die restliche Milch einrühren, im Kühlschrank abkühlen lassen.

Die Mischung in einer Eismaschine nach Herstellerangaben gefrieren lassen und ins Tiefkühlfach stellen. Wenn keine Eismaschine zur Verfügung steht, die Masse in einen flachen Metallbehälter füllen, ins Tiefkühlfach stellen und regelmäßig durchrühren, bis ein cremiges Eis entstanden ist.

Joghurteiscreme

Ergibt 1,25 l

350 ml Vollmilch
180 g extrafeiner Zucker
75 g Glukosesirup
500 ml griechischer Joghurt
frisch gepresster Saft von 1/2 Zitrone

Milch, Zucker und Glukosesirup in einem Topf mit schwerem Boden bei mittlerer Temperatur erhitzen und dabei rühren, bis sich der Zucker aufgelöst hat. Aufkochen, den Topf vom Herd nehmen und zum Abkühlen beiseitestellen.

Den Joghurt in eine große Schüssel füllen. Die abgekühlte Milchmischung unter den Joghurt rühren, im Kühlschrank vollständig erkalten lassen.

Die Masse in einer Eismaschine nach Herstellerangaben gefrieren lassen und ins Tiefkühlfach stellen. Wenn keine Eismaschine zur Verfügung steht, die Masse in einen flachen Metallbehälter füllen, ins Tiefkühlfach stellen und regelmäßig durchrühren, bis ein cremiges Eis entstanden ist.

Litschi-Minz-Granita mit Glasgebäck

Für 6 Personen

100 g extrafeiner Zucker
$1^1/_2$ kg frische Litschis, geschält und entsteint, oder 750 g Litschis aus der Dose, abgetropft (in diesem Fall die Zuckermenge reduzieren)
1 kleine Handvoll frische Minzeblätter, grob gehackt

FÜR DAS GLASGEBÄCK
50 g Butter
90 g extrafeiner Zucker
45 g Glukosesirup
40 g Mehl

Den Zucker mit 250 ml Wasser in einem großen Topf bei mittlerer Temperatur erhitzen und dabei rühren, bis sich der Zucker aufgelöst hat. Aufkochen, vom Herd nehmen und die Litschis unterrühren. Auf Zimmertemperatur abkühlen lassen.

Die Litschi-Sirup-Mischung im Mixer oder in der Küchenmaschine fein pürieren. In einen flachen Metallbehälter füllen und für mehrere Stunden ins Tiefkühlfach stellen, bis die Mischung fest ist.

Für das Glasgebäck Butter, Zucker und Glukosesirup in einem kleinen Topf unter ständigem Rühren schwach erhitzen, bis die Butter gerade geschmolzen ist. In einer Schüssel mit dem Mehl verrühren, bis sich die Zutaten verbinden. Abkühlen lassen und anschließend für 1 Stunde in den Kühlschrank stellen.

Den Backofen auf 160 °C vorheizen. Zwei Backbleche einfetten und mit Backpapier auslegen.

Aus dem Teig mit angefeuchteten Händen kleine Kugeln von etwa 2 cm Durchmesser formen. Die Teigkugeln im Abstand von 5 cm auf den Blechen verteilen. Im heißen Ofen in 10 Minuten hellgolden backen. Herausnehmen und auf dem Blech abkühlen lassen. In einem fest verschlossenen Behälter hält sich das Gebäck einige Tage.

Zum Servieren die Litschi-Mischung aus dem Tiefkühlfach nehmen und mit einer Gabel durchrühren, sodass eine Granita entsteht, dann die gehackten Minzeblätter untermischen.

In Serviergläser füllen und sofort mit dem Glasgebäck servieren.

Vanilleeiscreme

Ergibt 1,25 l

12 Eigelb
300 g extrafeiner Zucker
2 Vanilleschoten, längs aufgeschnitten
500 ml Vollmilch
500 ml süße Sahne

In einer Schüssel die Eigelbe und den Zucker leicht verquirlen.

Das Mark aus den Vanilleschoten in einen großen Topf kratzen. Vanilleschoten, Milch und Sahne hinzufügen und bis fast zum Siedepunkt erhitzen.

Die heiße Milchmischung unter die Eigelbmischung schlagen, in einen sauberen Topf füllen und bei mittlerer Temperatur erneut erhitzen. Mit einem Holzlöffel so lange rühren, bis die Mischung eindickt und die Löffelrückseite gleichmäßig überzieht, dabei jedoch nicht kochen lassen. Durch ein feines Sieb gießen und auf Raumtemperatur abkühlen lassen. Zum vollständigen Erkalten in den Kühlschrank stellen.

In einer Eismaschine nach Herstellerangaben gefrieren lassen und ins Tiefkühlfach stellen. Wenn keine Eismaschine zur Verfügung steht, die Mischung in einen flachen Metallbehälter füllen, ins Tiefkühlfach stellen und regelmäßig durchrühren, bis ein cremiges Eis entstanden ist.

Crème-fraîche-Eiscreme

Ergibt 1,25 l

5 Eigelb
1 l Vollmilch
300 g extrafeiner Zucker
70 g Glukosesirup
340 g Crème fraîche
200 ml süße Sahne

In einer Schüssel die Eigelbe leicht verquirlen. Milch, Zucker und Glukosesirup in einem großen Topf bei mittlerer Temperatur erhitzen und dabei rühren, bis sich der Zucker aufgelöst hat. Bis fast zum Siedepunkt erhitzen und vom Herd nehmen.

Die heiße Milchmischung unter das Eigelb schlagen, in einen sauberen Topf füllen und bei mittlerer Temperatur erneut erhitzen. Mit einem Holzlöffel so lange rühren, bis die Mischung eindickt und die Rückseite des Löffels gleichmäßig überzieht, dabei jedoch nicht kochen lassen. Durch ein feines Sieb gießen und auf Raumtemperatur abkühlen lassen. Zum vollständigen Erkalten in den Kühlschrank stellen.

Die Crème fraîche unterschlagen. Die Mischung in einer Eismaschine nach Herstellerangaben gefrieren lassen und ins Tiefkühlfach stellen. Wenn keine Eismaschine zur Verfügung steht, die Masse in einen flachen Metallbehälter füllen, ins Tiefkühlfach stellen und regelmäßig durchrühren, bis ein cremiges Eis entstanden ist.

Passionsfruchteiscreme

Ergibt etwa 1 l

6 Eigelb
150 g extrafeiner Zucker
500 ml süße Sahne
200 ml Passionsfruchtfleisch, durch ein feines Sieb passiert

In einer Schüssel die Eigelbe und den Zucker leicht verquirlen.

Die Sahne in einem großen Topf bis fast zum Siedepunkt erhitzen. Die heiße Sahne unter die Eigelbmischung schlagen, das Passionsfruchtfleisch hinzugeben und die Masse in einem sauberen Topf bei mittlerer Temperatur erhitzen.

Mit einem Holzlöffel rühren, bis die Mischung eindickt und den Löffelrücken gleichmäßig überzieht, dabei jedoch nicht kochen lassen. Durch ein feines Sieb gießen und auf Raumtemperatur abkühlen lassen. Zum vollständigen Erkalten in den Kühlschrank stellen.

In einer Eismaschine nach Herstellerangaben gefrieren lassen und ins Tiefkühlfach stellen. Wenn keine Eismaschine zur Verfügung steht, die Mischung in einen flachen Metallbehälter füllen, ins Tiefkühlfach stellen und regelmäßig durchrühren, bis ein cremiges Eis entstanden ist.

Honig-Thymian-Eiscreme

Ergibt 1,25 l

12 Eigelb
170 g extrafeiner Zucker
100 g flüssiger Honig
1 l süße Sahne
1 kleines Bund frischer Thymian, nur die Blätter

In einer Schüssel die Eigelbe und den Zucker leicht verquirlen, den Honig unterrühren. Die Sahne mit den Thymianblättern in einem großen Topf bis fast zum Siedepunkt erhitzen. Die heiße Sahne unter die Eigelbmischung schlagen und die Mischung in einem sauberen Topf bei mittlerer Temperatur erhitzen.

Mit einem Holzlöffel rühren, bis die Mischung eindickt und den Löffelrücken gleichmäßig überzieht, dabei jedoch nicht kochen lassen. Durch ein feines Sieb gießen und auf Raumtemperatur abkühlen lassen. Zum vollständigen Erkalten in den Kühlschrank stellen.

In einer Eismaschine nach Herstellerangaben gefrieren lassen und ins Tiefkühlfach stellen. Wenn keine Eismaschine zur Verfügung steht, die Mischung in einen flachen Metallbehälter füllen, ins Tiefkühlfach stellen und regelmäßig durchrühren, bis ein cremiges Eis entstanden ist.

Schokoladen-Haselnuss-Eiscreme

Ergibt 1,25 l

400 g Zartbitterschokolade von guter Qualität (etwa Kuvertüre), gehackt
6 Eigelb
150 g extrafeiner Zucker
1 Vanilleschote, längs aufgeschnitten
600 ml Vollmilch
400 ml süße Sahne
100 g Haselnüsse, geröstet, enthäutet und grob gehackt

Die Schokolade in einer kleinen hitzebeständigen Schüssel auf einen Topf mit köchelndem Wasser setzen und langsam schmelzen lassen. Ab und zu durchrühren, bis die Schokolade schön glatt und dickflüssig ist. Vom Herd nehmen und beiseitestellen.

Die Eigelbe und den Zucker in einer Schüssel leicht verquirlen. Das Vanillemark in einen großen Topf kratzen. Die Vanilleschote, die Milch und die Sahne hinzufügen und bis fast zum Siedepunkt erhitzen.

Die heiße Milchmischung unter die Eigelbmischung schlagen und in einem sauberen Topf bei mittlerer Temperatur erneut erhitzen. Mit einem Holzlöffel so lange rühren, bis die Mischung eindickt und den Löffelrücken gleichmäßig überzieht, dabei jedoch nicht kochen lassen. Durch ein feines Sieb gießen und die geschmolzene Schokolade unterrühren. Auf Raumtemperatur abkühlen lassen und zum vollständigen Erkalten in den Kühlschrank stellen.

In einer Eismaschine nach Herstellerangaben gefrieren lassen. Wenn keine Eismaschine zur Verfügung steht, die Mischung in einen flachen Metallbehälter füllen, ins Tiefkühlfach stellen und regelmäßig durchrühren, bis ein cremiges Eis entstanden ist.

Erst wenn die Eiscreme fast vollständig gefroren ist, die Haselnüsse unterrühren.

Balsamico-Karamell-Eiscreme

Ergibt etwa 1 l

250 g extrafeiner Zucker
260 ml Balsamicoessig von guter Qualität
6 Eigelb
500 ml Vollmilch
150 ml Crème double

Den Zucker in einem kleinen Topf knapp mit Wasser bedecken. Bei mittlerer Temperatur erhitzen und dabei rühren, bis sich der Zucker aufgelöst hat. Aufkochen und nun ohne zu rühren kochen lassen, bis ein hellgoldener Karamell entstanden ist. Sofort vom Herd nehmen und sehr vorsichtig (der heiße Karamell spritzt) 60 ml Balsamicoessig hinzugießen. Erneut erhitzen und glatt rühren. Vom Herd nehmen, auf Raumtemperatur abkühlen lassen und zum vollständigen Erkalten in den Kühlschrank stellen.

In einer Schüssel die Eigelbe leicht verquirlen. Milch und Sahne in einem großen Topf bis fast zum Siedepunkt erhitzen.

Die heiße Milchmischung unter das Eigelb schlagen und die Mischung in einem sauberen Topf bei mittlerer Temperatur erhitzen. Mit einem Holzlöffel so lange rühren, bis die Mischung eindickt und den Löffelrücken gleichmäßig überzieht, dabei jedoch nicht kochen lassen. Durch ein feines Sieb gießen und auf Raumtemperatur abkühlen lassen.

200 ml Balsamicoessig in einem Topf mit schwerem Boden bei mittlerer Temperatur erhitzen. Aufkochen und bei reduzierter Hitze sirupartig einkochen lassen. Vom Herd nehmen und zum Abkühlen beiseitestellen.

Den abgekühlten Karamell unter die Eigelbmischung schlagen. Die Masse in einer Eismaschine nach Herstellerangaben gefrieren lassen. Wenn keine Eismaschine zur Verfügung steht, die Mischung in einen flachen Metallbehälter füllen, ins Tiefkühlfach stellen und regelmäßig durchrühren, bis ein cremiges Eis entstanden ist.

Erst wenn die Eiscreme fast vollständig gefroren ist, für eine schöne marmorierte Wirkung nach und nach den reduzierten Balsamicoessig unterrühren.

Karamell-Eiscreme mit Pistazien-Baklava

Für 6 Personen

300 g extrafeiner Zucker
500 ml Vollmilch
500 ml süße Sahne
10 Eigelb

FÜR DIE PISTAZIEN-BAKLAVA
2 Blätter Filoteig
50 g Butter, zerlassen
150 g ungesalzene Pistazien, blanchiert, enthäutet und grob gehackt
50 g brauner Zucker
1/2 TL gemahlener Zimt

In einem großen Topf 200 g Zucker mit 125 ml Wasser bei mittlerer Temperatur erhitzen und dabei rühren, bis sich der Zucker aufgelöst hat. Aufkochen und nun ohne zu rühren kochen lassen, bis ein goldbrauner Karamell entstanden ist. Sofort vom Herd nehmen und sehr vorsichtig (der heiße Karamell spritzt) die Milch und die Sahne unterrühren. Bei mittlerer Temperatur bis fast zum Siedepunkt erhitzen.

Die Eigelbe und den restlichen Zucker in einer Schüssel verquirlen.

Die heiße Milchmischung unter die Eigelbmischung schlagen und in einem sauberen Topf erneut bei mittlerer Temperatur erhitzen. Mit einem Holzlöffel so lange rühren, bis die Mischung eindickt und den Löffelrücken gleichmäßig überzieht, dabei jedoch nicht aufkochen lassen. Durch ein feines Sieb gießen. Auf Raumtemperatur abkühlen lassen und zum vollständigen Erkalten in den Kühlschrank stellen.

In einer Eismaschine nach Herstellerangaben gefrieren lassen. Wenn keine Eismaschine zur Verfügung steht, die Mischung in einen flachen Metallbehälter füllen, ins Tiefkühlfach stellen und regelmäßig durchrühren, bis ein cremiges Eis entstanden ist.

Den Backofen auf 180 °C vorheizen. Ein Backblech einfetten und mit Backpapier auslegen.

Für die Pistazien-Baklava die Filoteigblätter jeweils der Länge nach in 3 gleich große Streifen schneiden. Einen Teigstreifen auf ein Brett legen und mit zerlassener Butter bestreichen. Einen weiteren Teigstreifen darauflegen, wiederum mit Butter bestreichen und den Vorgang noch einmal wiederholen. Die oberste Schicht mit gehackten Pistazien, Zucker und Zimt bestreuen. Mit den restlichen Teigstreifen ebenso verfahren.

Die geschichteten Teigstreifen jeweils in 6 Dreiecke schneiden. Auf das vorbereitete Blech legen und 6–8 Minuten im heißen Ofen backen, bis der Teig schön aufgegangen und goldgelb ist. Auf einem Kuchengitter abkühlen lassen.

Die Eiscreme in Servierschalen geben und dazu das Gebäck reichen.

Macadamianuss-Eiscreme

Ergibt 1,25 l

300 g extrafeiner Zucker
500 ml Vollmilch
500 ml süße Sahne
10 Eigelb
320 g ungesalzene Macadamianüsse, geröstet und grob gehackt

In einem großen Topf 200 g Zucker und 125 ml Wasser bei mittlerer Temperatur erhitzen und dabei rühren, bis sich der Zucker aufgelöst hat. Aufkochen und nun ohne zu rühren kochen lassen, bis ein hellgoldener Karamell entstanden ist. Sofort vom Herd nehmen und sehr vorsichtig (der heiße Karamell spritzt) die Milch und die Sahne einrühren. Bei mittlerer Temperatur bis fast zum Siedepunkt erhitzen.

Die Eigelbe und den restlichen Zucker in einer Schüssel leicht verquirlen. Die heiße Milchmischung unterschlagen.

In einen sauberen Topf füllen und erneut bei mittlerer Temperatur erhitzen. Mit einem Holzlöffel so lange rühren, bis die Mischung eindickt und den Löffelrücken gleichmäßig überzieht, dabei jedoch nicht aufkochen lassen. Durch ein feines Sieb gießen, auf Raumtemperatur abkühlen lassen und zum vollständigen Erkalten in den Kühlschrank stellen.

In einer Eismaschine nach Herstellerangaben gefrieren lassen. Wenn keine Eismaschine zur Verfügung steht, die Mischung in einen flachen Metallbehälter füllen, ins Tiefkühlfach stellen und regelmäßig durchrühren, bis ein cremiges Eis entstanden ist.

Erst wenn die Eiscreme fast vollständig gefroren ist, die Macadamianüsse unterrühren.

Erdnuss-Karamell-Eiscreme

Ergibt 1,5 l

FÜR DEN ERDNUSSKARAMELL
200 g Erdnüsse, ungesalzen und nicht geröstet
Meersalz zum Bestreuen
200 ml süße Sahne
75 g Glukosesirup
½ Vanilleschote, längs aufgeschnitten, Mark herausgekratzt
110 g extrafeiner Zucker
50 g Butter, in Flöckchen

12 Eigelb
300 g extrafeiner Zucker
2 Vanilleschoten, längs aufgeschnitten
500 ml Vollmilch
500 ml süße Sahne

Den Backofen auf 180 °C vorheizen.

Für den Erdnusskaramell die Erdnüsse auf einem Backblech verteilen, mit Meersalz bestreuen und im heißen Ofen 5–7 Minuten goldgelb rösten. Abkühlen lassen und grob hacken.

Sahne und Glukosesirup in einen Topf füllen, das Vanillemark hinzufügen und die Mischung bei mittlerer Temperatur erhitzen. Aufkochen und vom Herd nehmen.

Den Zucker in einem Topf mit schwerem Boden knapp mit Wasser bedecken. Bei mittlerer Temperatur erhitzen und dabei rühren, bis sich der Zucker aufgelöst hat. Aufkochen und nun ohne zu rühren kochen lassen, bis ein goldbrauner Karamell entstanden ist. Sofort vom Herd nehmen und sehr vorsichtig (der heiße Karamell spritzt) die heiße Sahnemischung hinzugießen. Erneut schwach erhitzen, die Butterflöckchen nacheinander unterschlagen und den Karamell glatt rühren. Die Flüssigkeit durch ein feines Sieb gießen, die gehackten Erdnüsse unterrühren und den Karamell beiseitestellen.

In einer Schüssel die Eigelbe und den Zucker verquirlen. Das Vanillemark in einen großen Topf mit schwerem Boden kratzen. Vanilleschoten, Milch und Sahne hinzufügen und bis fast zum Siedepunkt erhitzen.

Die heiße Milchmischung unter die Eigelbmischung schlagen und in einem sauberen Topf erneut bei mittlerer Temperatur erhitzen. Mit einem Holzlöffel so lange rühren, bis die Mischung eindickt und den Löffelrücken gleichmäßig überzieht, dabei jedoch nicht aufkochen lassen. Durch ein feines Sieb gießen, auf Raumtemperatur abkühlen lassen und zum vollständigen Erkalten in den Kühlschrank stellen.

In einer Eismaschine nach Herstellerangaben gefrieren lassen. Wenn keine Eismaschine zur Verfügung steht, die Mischung in einen flachen Metallbehälter füllen, ins Tiefkühlfach stellen und regelmäßig durchrühren, bis ein cremiges Eis entstanden ist.

Erst wenn die Eiscreme fast vollständig gefroren ist, nach und nach den Erdnusskaramell unterrühren, sodass ein marmorierter Effekt entsteht.

Nugatsorbet mit dunkler Schokoladensauce, Sahnekaramell und Erdnüssen

Für 6 Personen

800 ml Vollmilch
70 g extrafeiner Zucker
1 Blatt Gelatine, in kaltem Wasser eingeweicht und ausgedrückt
100 g Kondensmilch
125 g Nuss-Nugat-Creme
1 EL Glukosesirup

150 g ungesalzene rohe Erdnüsse
Meersalz zum Bestreuen

FÜR DIE SCHOKOLADENSAUCE
80 g extrafeiner Zucker
60 g Zartbitterschokolade von guter Qualität (etwa Kuvertüre), gerieben
45 g Kakaopulver, gesiebt

FÜR DEN SAHNEKARAMELL
250 g extrafeiner Zucker
250 ml süße Sahne, erwärmt

Karamellblättchen (siehe Seite 178)

750 ml Milch und den Zucker in einem großen Topf bei mittlerer Temperatur erhitzen und dabei rühren, bis sich der Zucker aufgelöst hat. Aufkochen und bei reduzierter Hitze um ein Drittel einkochen lassen. Vom Herd nehmen.

50 ml Milch in einem kleinen Topf schwach erhitzen und in eine große Schüssel gießen. Die ausgedrückte Gelatine darin auflösen. Kondensmilch, Nuss-Nugat-Creme und Glukosesirup gründlich unterrühren. Unter die reduzierte Milchmischung schlagen, auf Raumtemperatur abkühlen lassen und zum vollständigen Erkalten in den Kühlschrank stellen.

In einer Eismaschine nach Herstellerangaben gefrieren lassen. Wenn keine Eismaschine zur Verfügung steht, die Mischung in einen flachen Metallbehälter füllen, ins Tiefkühlfach stellen und regelmäßig durchrühren, bis die Masse fest wird.

Den Backofen auf 180 °C vorheizen. Die Erdnüsse auf einem Backblech verteilen, mit Meersalz bestreuen und im heißen Ofen in 5–7 Minuten goldgelb rösten. Abkühlen lassen und grob hacken. Bis zur Verwendung in einem luftdichten Behälter aufbewahren.

Für die Schokoladensauce den Zucker und 400 ml Wasser in einem kleinen Topf schwach erhitzen und dabei rühren, bis sich der Zucker aufgelöst hat. Die Schokolade und das Kakaopulver untermischen und unter gelegentlichem Rühren 10 Minuten köcheln lassen. Die Schokoladensauce vom Herd nehmen und durch ein feines Sieb in einen Krug gießen. Auf Raumtemperatur abkühlen lassen.

Den Zucker für den Sahnekaramell mit 60 ml Wasser in einem kleinen Topf bei mittlerer Temperatur erhitzen und dabei rühren, bis sich der Zucker aufgelöst hat. Aufkochen und nun ohne zu rühren kochen lassen, bis ein hellgoldener Karamell entstanden ist. Sofort vom Herd nehmen und sehr vorsichtig (der heiße Karamell spritzt) die Sahne unterrühren. Erneut erhitzen und glatt rühren. Abkühlen lassen.

Zum Servieren das Nugatsorbet auf Schalen verteilen. Rundum etwas Schokoladensauce gießen. Mit Sahnekaramell beträufeln, mit Erdnüssen bestreuen und einige Karamellblättchen in das Eis stecken.

Kaffee-Schokoladen-Eiscreme

Ergibt etwa 1 l

100 ml heißer Espresso oder starker Kaffee
50 g Zartbitterschokolade von guter Qualität (etwa Kuvertüre), gehackt
2 EL Tia Maria (Kaffeelikör)
6 Eigelb
80 g extrafeiner Zucker
500 ml süße Sahne
50 g Glukosesirup

Espresso oder Kaffee, Schokolade und Tia Maria in eine große Schüssel geben und beiseitestellen.

In einer zweiten Schüssel die Eigelbe und den Zucker leicht verquirlen.

Die Sahne mit dem Glukosesirup in einem großen Topf bei mittlerer Temperatur bis fast zum Siedepunkt erhitzen und dabei rühren, bis sich der Glukosesirup aufgelöst hat.

Die heiße Sahnemischung unter die Eigelbmischung schlagen und in einem sauberen Topf erneut bei mittlerer Temperatur erhitzen. Mit einem Holzlöffel so lange rühren, bis die Mischung eindickt und die Löffelrückseite gleichmäßig überzieht, dabei jedoch nicht aufkochen lassen. Diese Masse unter die Schokoladen-Kaffee-Mischung rühren, bis die Schokolade geschmolzen ist. Durch ein feines Sieb gießen und auf Raumtemperatur abkühlen lassen. Zum vollständigen Erkalten in den Kühlschrank stellen.

In einer Eismaschine nach Herstellerangaben gefrieren lassen und ins Tiefkühlfach stellen. Wenn keine Eismaschine zur Verfügung steht, die Mischung in einen flachen Metallbehälter füllen, ins Tiefkühlfach stellen und regelmäßig durchrühren, bis ein cremiges Eis entstanden ist.

Minz-Schokoladen-Eiscreme

Ergibt etwa 1,25 l

400 g extrafeiner Zucker
250 g weiße Schokolade von guter Qualität (etwa Kuvertüre), gehackt
75 ml Crème de Menthe (Pfefferminzlikör)
1 1/2 EL Wodka
200 g Zartbitterschokolade von guter Qualität (etwa Kuvertüre), gehackt

In einem Topf den Zucker mit 400 ml Wasser bei mittlerer Temperatur erhitzen und dabei rühren, bis er sich aufgelöst hat. Aufkochen und bei reduzierter Hitze 2 Minuten köcheln lassen. Den Zuckersirup vom Herd nehmen und zum Abkühlen beiseitestellen.

Die weiße Schokolade in einem Topf mit schwerem Boden schwach erhitzen und dabei gelegentlich rühren, bis die Schokolade gerade zu schmelzen beginnt. Crème de Menthe, Wodka und 600 ml Wasser sorgfältig unterrühren. Aufkochen und vom Herd nehmen.

Den Zuckersirup einrühren, die Mischung auf Raumtemperatur abkühlen lassen und zum vollständigen Erkalten in den Kühlschrank stellen. In einer Eismaschine nach Herstellerangaben gefrieren lassen und ins Tiefkühlfach stellen. Wenn keine Eismaschine zur Verfügung steht, die Mischung in einen flachen Metallbehälter füllen, ins Tiefkühlfach stellen und regelmäßig durchrühren, bis ein cremiges Eis entstanden ist.

Erst wenn die Eiscreme fast vollständig gefroren ist, die gehackte Zartbitterschokolade untermischen.

GRUNDREZEPTE

Auf den folgenden Seiten habe ich einige Grundrezepte zusammengestellt, die im gesamten Buch immer wieder Verwendung finden. Sie sind unkompliziert und lassen sich allesamt gut vorbereiten. So wird im Handumdrehen aus jedem Dessert etwas ganz Besonderes.

Balsamicosirup

Ergibt etwa 250 ml

400 ml guter Aceto balsamico
100 g extrafeiner Zucker

Balsamicoessig und Zucker in einem kleinen Topf bei mittlerer Temperatur erhitzen und rühren, bis sich der Zucker aufgelöst hat. Aufkochen, die Hitze reduzieren und köcheln lassen, bis die Flüssigkeit eine sirupartige Konsistenz angenommen hat. Beiseitestellen und abkühlen lassen. Bis zur Verwendung in einem luftdichten Behälter im Kühlschrank aufbewahren. So hält sich der Sirup mehrere Tage.

TIPP: Balsamicosirup harmoniert wunderbar mit Beeren und Schokoladendesserts. Die Säure des Essigs ist ein guter Ausgleich zur Süße des Zuckers. Wegen seines intensiven Geschmacks sollten Sie den Sirup aber nur in kleinen Mengen verwenden.

Biscotti

Ergibt 30–40 Stück

300 g Mehl, gesiebt
270 g extrafeiner Zucker
$^{3}/_{4}$ TL Backpulver
2 Eier
2 Eigelb
$^{3}/_{4}$ TL Vanilleextrakt
abgeriebene Schale von je $^{1}/_{2}$ unbehandelten Orange und Zitrone
140 g ganze Mandeln

Den Backofen auf 160 °C vorheizen. Ein Backblech einfetten und mit Backpapier auslegen.

Mehl, Zucker und Backpulver in einer großen Schüssel mischen und eine Mulde in die Mitte drücken. In einer zweiten Schüssel Eier, Eigelbe, Vanilleextrakt, Orangen- und Zitronenschale verquirlen. In die Mulde gießen und sachte untermischen. Zuletzt die Mandeln hinzufügen.

Die Masse auf einer bemehlten Arbeitsfläche zu einem Rechteck (30 x 10 cm) formen. Auf das vorbereitete Blech geben und darauf achten, dass der Teig seine Form behält. Im heißen Ofen in 35 Minuten goldgelb backen, herausnehmen und vollständig abkühlen lassen.

Den Backofen auf 80 °C vorheizen und mehrere Bleche mit Backpapier auslegen.

Das abgekühlte Teigrechteck quer in sehr dünne Scheiben schneiden (2–3 mm) und diese Biscotti nebeneinander auf den Blechen verteilen. Im Backofen 1–2 Stunden langsam trocknen lassen, bis die Biscotti schön knusprig sind. Aus dem Ofen nehmen und abkühlen lassen. In einem luftdichten Behälter kann man sie einige Tage aufbewahren.

TIPP: Statt Mandeln können Sie auch Haselnüsse oder Pistazien verwenden.

Mürbeteigboden

Ergibt einen Boden von 24 cm Durchmesser oder 8 Torteletts von 8 cm Durchmesser

150 g Butter, raumtemperiert, plus mehr für die Form
100 g Puderzucker
1 Eigelb
250 g Mehl
1 Ei, verquirlt

Butter und Puderzucker in der Küchenmaschine cremig rühren. Das Eigelb untermischen, dann das Mehl einarbeiten, den Teig dabei jedoch nicht zu lange rühren. Falls nötig, etwas kaltes Wasser hinzufügen, sodass ein fester Teig entsteht. Den Teig leicht kneten, in Klarsichtfolie wickeln und 1 Stunde in den Kühlschrank stellen.

Den gekühlten Mürbeteig 3 mm dick ausrollen. Eine runde Kuchenform (24 cm Durchmesser, 4 cm hoch) oder 8 Tortelettförmchen (8 cm Durchmesser, 2 cm hoch) leicht einfetten und mit Teig auskleiden. Weitere 30 Minuten kalt stellen. (Wird der Teig im Voraus hergestellt, kann er in der Form bis zur Verwendung im Kühlschrank aufbewahrt werden.)

Den Backofen auf 180 °C vorheizen. Den Teig zum Blindbacken in der Form mit Backpapier bedecken und mit getrockneten Bohnen oder Erbsen beschweren. Im heißen Ofen 10–12 Minuten backen, das Backpapier mit den Bohnen oder Erbsen entfernen. Den Mürbeteigboden mit verquirltem Ei bestreichen und weitere 5–8 Minuten goldgelb backen. Nach Rezeptangaben weiterverwenden.

Kandierte Walnüsse

Ergibt etwa 2 Tassen

200 g extrafeiner Zucker
200 g Walnüsse

Ein Kuchengitter auf ein Backblech stellen. Den Zucker mit 60 ml Wasser in einen Topf mit schwerem Boden füllen. Bei mittlerer Temperatur erhitzen und rühren, bis sich der Zucker aufgelöst hat. Aufkochen und ohne zu rühren kochen lassen, bis ein goldbrauner Karamell entstanden ist. Den Topf sofort vom Herd nehmen und die Walnüsse auf einmal hineingeben.

Die Mischung rasch auf das Gitter gießen. Die Walnüsse mit einem Löffel vorsichtig nebeneinander verteilen, da der Karamell noch sehr heiß ist. Vollständig abkühlen lassen. In einem luftdichten Behälter aufbewahren.

Karamellblättchen

Ergibt etwa 1 Tasse

230 g extrafeiner Zucker

Ein Backblech einfetten und mit Backpapier auslegen. Den Zucker und 80 ml Wasser in einem Topf bei mittlerer Temperatur erhitzen und dabei rühren, bis sich der Zucker aufgelöst hat. Zum Kochen bringen und nun ohne zu rühren kochen lassen, bis ein goldbrauner Karamell entstanden ist.

Den heißen Karamell sofort auf das vorbereitete Blech gießen und mit dem Rücken eines in heißem Wasser erwärmten Esslöffels glatt streichen. Vollständig abkühlen lassen, erst dann in Stücke brechen. In einem luftdichten Behälter halten sich die Karamellblättchen mehrere Tage. Nicht im Kühlschrank aufbewahren.

Crème anglaise

Ergibt etwa 625 ml

3 Eigelb
50 g extrafeiner Zucker
1/2 Vanilleschote, längs aufgeschnitten
250 ml Milch
250 ml süße Sahne

Eigelb und Zucker in einer Schüssel leicht verschlagen. Das Mark aus der Vanilleschote in einen Topf kratzen. Vanilleschote, Milch und Sahne hinzufügen und die Mischung bis zum Siedepunkt erhitzen, aber nicht aufkochen. Die heiße Flüssigkeit unter die Eigelbmischung schlagen, in einen sauberen Topf füllen und bei mittlerer Temperatur erhitzen.

Mit einem Holzlöffel so lange rühren, bis die Creme eindickt und den Löffelrücken gleichmäßig überzieht. Sie darf dabei jedoch nicht aufkochen. Durch ein feines Sieb in eine Schüssel gießen und auf Raumtemperatur abkühlen lassen. Im Kühlschrank kalt stellen.

Gekühlt hält sich die Crème anglaise 1–2 Tage. Sie lässt sich bei niedriger Temperatur wieder erwärmen.

Kirsch-Coulis

Ergibt etwa 250 ml

110 g extrafeiner Zucker
abgeriebene Schale von 1/2 unbehandelten Zitrone
1 Vanilleschote, längs aufgeschnitten, Mark herausgekratzt
250 g Kirschen, entsteint, Stiele entfernt

In einem Topf mit schwerem Boden den Zucker und 125 ml Wasser bei mittlerer Temperatur unter Rühren erhitzen, bis sich der Zucker aufgelöst hat. Zitronenschale, Vanillestange und -mark hinzufügen und die Mischung aufkochen. Die Hitze reduzieren.

Die Kirschen in den Topf geben und 6–10 Minuten köcheln lassen, bis sie weich sind. Dabei gelegentlich umrühren. Vom Herd nehmen, beiseitestellen und abkühlen lassen.

Die Vanillestange herausnehmen und die Kirschen im Mixer fein pürieren. In einem luftdichten Behälter kann man den Kirsch-Coulis im Kühlschrank einige Tage aufbewahren.

Ingwerbrot

Ergibt 10–12 Stück

80 g weiche Butter
120 g extrafeiner Zucker
1 EL heller Rohrzuckersirup oder Glukosesirup
1 TL gemahlener Ingwer
2 TL gemahlener Zimt
1/4 TL gemahlene Gewürznelken
1/2 TL gemahlener Kardamom
1 TL Backpulver
1 1/2 EL Milch
250 g Mehl, gesiebt

Butter, Zucker, Sirup, Gewürze und Backpulver mit dem Handrührgerät in einer Schüssel cremig rühren. Nach und nach die Milch und 1 EL Wasser hinzugießen und dabei weiterrühren, bis sich alles verbunden hat. Nun portionsweise das Mehl hinzufügen. Den Teig zu einer flachen Kugel formen, in Klarsichtfolie wickeln und mindestens 1 Stunde kalt stellen.

Den Backofen auf 180 °C vorheizen. Ein Backblech mit Backpapier auslegen.

Auf einer leicht bemehlten Arbeitsfläche den gekühlten Teig 1–2 mm dick ausrollen. Mithilfe eines großen Tellers einen Kreis markieren und ausschneiden und diesen in 10–12 Tortenstücke schneiden. Die Stücke auf dem vorbereiteten Blech verteilen und im heißen Ofen 10–12 Minuten backen.

Auf einem Kuchengitter vollständig abkühlen lassen, dann in einen luftdichten Behälter geben. So hält sich das Ingwerbrot einige Tage.

Pochierte Quitten

Für 6 Personen

1 kg extrafeiner Zucker
frisch gepresster Saft von 3 Zitronen
2 Zimtstangen
2 ganze Sternanis
6 Gewürznelken
1 Vanilleschote, längs aufgeschnitten, Mark herausgekratzt
6 Quitten

Den Zucker und 2 l Wasser in einem Topf mit schwerem Boden bei mittlerer Temperatur erhitzen. Dabei rühren, bis sich der Zucker aufgelöst hat. Zitronensaft, Zimtstangen, Sternanis, Gewürznelken, Vanilleschote und -mark hinzufügen und die Mischung zum Kochen bringen.

Die Quitten schälen, vierteln und die Kerngehäuse entfernen. Früchte, Kerngehäuse und Schalen in den Topf geben (Kerngehäuse und Schalen sorgen für eine schöne rote Farbe). Bei schwacher Hitze 1–1 1/2 Stunden sanft köcheln lassen, bis die Quitten weich sind. Den Topf vom Herd nehmen und die Quitten im Sirup abkühlen lassen.

Die abgekühlten Früchte mit einem Schaumlöffel aus der Flüssigkeit heben und in einen Kunststoffbehälter geben. Den Sirup durch ein Sieb auf die Quitten gießen. Schalen, Kerngehäuse und Gewürze wegwerfen. Im Kühlschrank halten sich die Quitten 1–2 Tage. Nach den jeweiligen Rezeptangaben weiterverwenden.

Karamellfüllung

Ergibt etwa 750 ml

250 g extrafeiner Zucker
6 Eigelb
50 g Mehl
500 ml Vollmilch

150 g Zucker in einem kleinen Topf mit schwerem Boden knapp mit Wasser bedecken und bei mittlerer Temperatur erhitzen. Dabei rühren, bis sich der Zucker aufgelöst hat. Die Hitze reduzieren und ohne zu rühren zu einem dunklen Karamell kochen. Abkühlen lassen.

Die Eigelbe mit dem Zucker leicht verschlagen, dann das Mehl unterrühren. Die Milch hinzugeben und langsam zum Kochen bringen. Etwas heiße Milch gründlich unter die Eigelbmischung rühren, dann die restliche Milch unterschlagen. In einem sauberen Topf bei mittlerer Temperatur unter ständigem Schlagen erhitzen, bis die Mischung cremig wird und zu kochen beginnt. Mit dem Karamell vermischen. Noch eine weitere Minute kräftig schlagen und durch ein Sieb in eine saubere Schüssel gießen. Ein Stück Klarsichtfolie direkt auf die Creme legen, damit sich keine Haut bildet. Zum Abkühlen beiseitestellen.

Himbeer-Coulis

Ergibt etwa 125 ml

1 EL flüssiger Honig
110 g extrafeiner Zucker
frisch gepresster Saft von 1 Limette
200 g frische oder tiefgekühlte Himbeeren (siehe Tipp)

Honig, Zucker und Limettensaft in einem kleinen Topf bei mittlerer Temperatur erhitzen. Dabei rühren, bis sich der Zucker aufgelöst hat. Zum Siedepunkt bringen, die Himbeeren hineingeben und 1 Minute sprudelnd kochen. Vom Herd nehmen und etwas abkühlen lassen.

Die Mischung im Mixer fein pürieren und durch ein feines Sieb passieren.

In einem luftdichten Behälter im Kühlschrank hält sich der Himbeer-Coulis einige Tage.

TIPP: Tiefgekühlte Himbeeren müssen vor der Verwendung nicht aufgetaut werden. Himbeer-Coulis passt zu vielen Desserts und schmeckt auch mit Eiscreme sehr gut. Er kann bis zu 6 Wochen im Tiefkühlfach aufbewahrt werden.

Tuiles

Ergibt etwa 20 Stück

25 g weiche Butter
50 g extrafeiner Zucker
50 g Mehl
2 Eiweiß

Butter und Zucker mit dem Handrührgerät schaumig rühren. Mehl und Eiweiß hinzufügen und weiterrühren, bis eine glatte Masse entstanden ist. Für 1 Stunde kalt stellen.

Den Backofen auf 160 °C vorheizen. Auf ein Stück Backpapier 3 Kreise von je 10 cm Durchmesser zeichnen und das Papier umgedreht auf ein Backblech legen. Den Vorgang mit einem weiteren Stück Backpapier und einem weiteren Blech wiederholen.

Mit einem Teigspachtel jeweils eine dünne Schicht Teigmischung auf die aufgezeichneten Kreise streichen. Im heißen Ofen 3–5 Minuten backen, bis die Teigränder goldbraun und die Mitte hellgolden sind. Herausnehmen, die Teigkreise sofort mit einer Palette ablösen und noch warm um ein Nudelholz legen. Die 3 Kreise sollten nebeneinander darauf Platz finden. Wird der Teig zu hart, um ihn abzulösen, das Blech nochmals kurz in den Ofen schieben. Mit der übrigen Teigmischung ebenso verfahren. Die fertigen Tuiles abkühlen lassen und in einem luftdichten Behälter aufbewahren. Sie halten sich einige Tage.

Sesamwaffeln

Ergibt etwa 20 Stück

80 g extrafeiner Zucker
abgeriebene Schale von 1 unbehandelten Orange
2 EL frisch gepresster Orangensaft
40 g Mehl
$^{1}/_{4}$ TL gemahlener Ingwer
40 g Sesamsamen
40 g Butter, zerlassen
1 EL fein gehackter kandierter Ingwer

In einer Schüssel Zucker, Orangenschale und -saft verrühren, bis sich der Zucker aufgelöst hat.

In eine zweite Schüssel Mehl und gemahlenen Ingwer sieben und die Sesamsamen untermischen. Eine Mulde in die Mitte drücken und die zerlassene Butter sowie die Orangenmischung hineingießen und gründlich untermischen. Zuletzt den gehackten Ingwer hinzufügen. Die Teigmasse für 1 Stunde kalt stellen.

Den Backofen auf 170 °C vorheizen. Auf ein Stück Backpapier 10 Dreiecke von je 8 cm Kantenlänge zeichnen und das Papier umgedreht auf ein Backblech legen. Den Vorgang mit einem weiteren Stück Backpapier und einem weiteren Blech wiederholen.

Mit einem Teigspachtel je eine dünne Schicht Teigmischung auf die vorgezeichneten Dreiecke streichen. Im heißen Ofen in 7–10 Minuten hellgolden backen. Das Backpapier vorsichtig auf ein Kuchengitter gleiten lassen. Die Waffeln vollständig abkühlen lassen und erst dann vom Papier lösen. Die gesamte Teigmasse auf diese Weise verarbeiten. In einem luftdichten Behälter halten sich die Waffeln mehrere Tage.

Walnusskrokant

Ergibt etwa 750 g

500 g extrafeiner Zucker
250 g Walnüsse

Ein Backblech einfetten und mit Backpapier auslegen. Den Zucker in einen Topf mit schwerem Boden geben und knapp mit Wasser bedecken. Bei mittlerer Temperatur erhitzen und dabei rühren, bis sich der Zucker aufgelöst hat. Aufkochen und nun ohne zu rühren kochen lassen, bis ein goldbrauner Karamell entsteht. Sofort vom Herd nehmen und sämtliche Walnüsse auf einmal hineingeben.

Die Mischung rasch auf das vorbereitete Blech gießen und mit dem Rücken eines in heißem Wasser erwärmten Esslöffels glatt streichen. Den Krokant vollständig abkühlen lassen, erst dann in Stücke brechen. Bis zur Verwendung in einem luftdichten Behälter aufbewahren.

Glossar

Pistazien blanchieren
Pistazienkerne in einem kleinen Topf mit Wasser bedecken, aufkochen und einige Minuten ziehen lassen. Abgießen und in einem sauberen Küchentuch rubbeln, bis sich die Haut löst. Auf einer trockenen Platte ausbreiten und vollständig abkühlen lassen.

Brioche
Feines Weizenbrot aus Hefeteig mit Eiern und Butter.

Kuvertüre
Hochwertige Schokolade mit einem hohen Anteil an Kakaobutter. Einfache Blockschokolade ist dagegen nicht empfehlenswert.

Crème fraîche
Feinsäuerliche stichfeste Sahne – eine elegante Alternative zum Sauerrahm.

Dariole-Förmchen
Runde becherartige Förmchen mit flachem Boden, die nach oben weiter werden. Sie bestehen aus Aluminium, Edelstahl oder Kunststoff (Füllmenge 125, 150 und 180 ml). Kalte Desserts wie Panna cotta lassen sich aus den elastischen Kunststoffförmchen am besten stürzen.

Gelatine
Ein Teelöffel gemahlene Gelatine entspricht 3,5 g Blattgelatine. Als Ersatz für 1 Blatt Gelatine von 4 g löst man also 1 gehäuften Teelöffel Gelatine in der angegebenen Menge Wasser auf. Diese Mischung wie Blattgelatine in die heiße Flüssigkeit rühren und auflösen. Blattgelatine ist allerdings von besserer Qualität.

Glukosesirup
Glukosesirup wird aus Mais gewonnen und hat eine geringere Süßkraft als Zucker. Dank seiner Molekularstruktur kristallisiert er nicht und wird darum gern für die Herstellung von Süßigkeiten verwendet (in manchen Apotheken oder über das Internet erhältlich).

Hartweizenmehl
Es besteht aus eiweißreichem Durumweizen mit hohem Kleberanteil und dient meist zum Brotbacken sowie für Blätter- und Brandteig. Man kann es durch eine Mischung aus Weizenmehl (Type 550) und Hartweizengrieß zu gleichen Teilen ersetzen.

Hefeteig kneten
Nachdem ein Hefeteig das erste Mal aufgegangen ist, knetet man ihn kräftig durch. So wird die Hefe erneut verteilt, überschüssiges Kohlendioxid entweicht, und der Teig bekommt vor dem Formen eine gleichmäßige Temperatur.

Kleiner Ballen
Beim Sirupkochen wird mit dieser Methode geprüft, ob die richtige Temperatur und damit das richtige Kochstadium erreicht wurde. Diese wird von der Zuckerkonzentration bestimmt: Gibt man etwas Sirup in Eiswasser, bildet sich bei diesem ersten Stadium eine kleine, weiche Kugel. Das Zuckerthermometer sollte mindestens 112 °C, aber nicht mehr als 120 °C anzeigen.

Krokant
Eine Mischung aus Karamell und Nüssen oder Mandeln, die nach dem Festwerden zerkleinert wird.

Mandoline
Ein großer Küchenhobel aus Holz oder Edelstahl, mit dem man Obst und Gemüse in sehr feine und gleichmäßige Scheiben schneiden kann.

Sauternes
In dieser kleinen Weinbauregion im Südwesten Frankreichs wird Weißwein aus edelfaulen Trauben erzeugt. Durch die Edelfäule (Botrytis) schrumpfen die Trauben, Zuckergehalt und Geschmack werden gesteigert, mehr als 14 % Alkohol sind keine Seltenheit.

Soufflé-Förmchen
Kleine Auflaufformen mit geraden Wänden aus feuerfestem Porzellan. Sie werden im Handel in verschiedenen Größen angeboten.

Vanilleextrakt
Mithilfe von Alkohol werden aus Vanilleschoten die Geschmacksstoffe extrahiert. Der Extrakt ist hoch konzentriert und fast unbegrenzt haltbar.

Register

A

Ananas
  Ananas-Limetten-Salsa 141
  Ananassorbet 158
  Gebackene Ananas mit Vanilleeiscreme 51
  Litschi-Mousse mit Ananas und Passionsfrucht 72
Äpfel
  Apfelgelee und Calvados-Panna-cotta 58
  Apfel-Quitten-Tarte mit Mandeln 120
  Apfel-Rhabarber-Pie mit Calvadossahne 97
  Sorbet aus grünen Äpfeln mit Apfelchips 156
  Vanillereis mit Zimtäpfeln 83
Arme Ritter mit frischen Kirschen und Mascarpone 38

B

Baiser
  Eton mess 89
  Haselnussbaiser 148
  Mandelbaiser 21
Balsamico-Erdbeeren 79
Balsamico-Karamell-Eis 165
Balsamicosirup 176
Bananen-Passionsfrucht-Pizza 102
Bananen-Rum-Parfait 86
Bavaroise mit Mandarinengelee 80
Bayrische Creme mit Honig und Balsamico-Erdbeeren 79
Birnen
  Birnen-Joghurt-Kuchen mit Minz-Joghurt 116
  Birnen-Tarte mit Pekannüssen und Honig-Thymian-Eiscreme 117
  Gestürzter Birnen-Ingwer-Kuchen 52
  Gewürzbirnen mit Joghurt und Pistazien 71
  Karamellisierte Birnenterrine mit Milcheiscreme und Ingwerbrot 134
  Rotweinbirnen mit Pain d'épice 76
Biscotti 176
Blutorangen-Mandel-Küchlein 94

C

Calvados-Panna-cotta 58
Calvadossahne 97
Clafoutis mit Kirschen und Mandeln 48
Coulis
  Himbeer-Coulis 183
  Kirsch-Coulis 180
Crème-fraîche-Eiscreme 162
Cremes
  Bavaroise mit Mandarinengelee 80
  Bayrische Creme mit Honig 79
  Crema catalana mit Safran 66
  Crème anglaise 178
  Crème Chantilly 113
  Crème pâtissière 110
  Feine Zitronencreme 82
  Kahlua-Creme 119
  Mandarinencreme 69

D

Dattel-Walnuss-Pudding mit Karamellsauce 54

E

Eiscreme
  Balsamico-Karamell-Eiscreme 165
  Crème-fraîche-Eiscreme 162
  Erdnuss-Karamell-Eiscreme 169
  Gefrorener Zuccotto 151
  Honig-Thymian-Eiscreme 163
  Joghurteiscreme 159
  Kaffee-Schokoladen-Eiscreme 172
  Karamell-Eiscreme mit Pistazien-Baklava 166
  Macadamianuss-Eiscreme 168
  Milcheiscreme 159
  Minz-Schokoladen-Eiscreme 173
  Passionsfruchteiscreme 163
  Schokoladen-Haselnuss-Eiscreme 164
  Vanilleeiscreme 162
Erdbeeren
  Balsamico-Erdbeeren 79
  Erdbeer-Schokoladen-Lollipops 17
  Erdbeer-Trifle 68
Erdnuss-Karamell-Eiscreme 169
Espresso-Cognac-Mousse mit Shortbread 90
Espressokuchen mit Kahlua-Creme 119
Espresso-Toffee-Tiramisu 133
Eton mess 89

F

Feigen
  Feigen-Tarte-Tatin mit Amaretto-Mascarpone 33
  Gebackene Feigen mit Balsamico-Karamell-Eiscreme und Hafer-Tuiles 130
  Honig-Ziegenkäse-Parfait mit kandierten Walnüssen und Feigenchips 137
Feiner Schokoladenkuchen mit Himbeeren und Sahne 10
Feine Zitronencreme 82
Focaccia, Kirsch- 101
Frangipane-Masse 117

G

Gebackene Pfirsiche mit Amaretti-Streuseln 34
Gedämpfter Ingwer-Orangen-Pudding mit Crème anglaise 44
Gedämpfter Quitten-Ingwer-Pudding 43
Gedämpfter Zitronenpudding mit Crème-fraîche-Eiscreme 41
Gefrorener Zuccotto 151

Gestürzter Birnen-Ingwer-Kuchen 52
Gewürzbirnen mit Joghurt und Pistazien 71
Gewürzpudding mit Backpflaumen und Armagnac-Sauce 42
Glasgebäck 161

H

Haselnüsse
Haselnussbaiser mit Himbeer-Mousse 148
Nugat-Glacé mit Haselnüssen und Mandeln 152
Schokoladen-Haselnuss-Eiscreme 164
Heidelbeerbiskuit mit Crème Chantilly 113
Himbeeren
Feiner Schokoladenkuchen mit Himbeeren und Sahne 10
Haselnussbaiser mit Himbeer-Mousse 148
Himbeer-Coulis 183
Krokant-Semifreddo mit frischen Himbeeren 65
Honig
Bayrische Creme mit Honig und Balsamico-Erdbeeren 79
Honigparfait mit karamellisierten Pflaumen und Pistazien 62
Honig-Thymian-Eiscreme 163
Honig-Ziegenkäse-Parfait mit kandierten Walnüssen und Feigenchips 137
Honig-Zimt-Sahne 123
Pinienkern-Tarte mit Orangen-Crème-fraîche 124

I

Ingwer
Gedämpfter Ingwer-Orangen-Pudding mit Crème anglaise 44
Gedämpfter Quitten-Ingwer-Pudding 43
Gestürzter Birnen-Ingwer-Kuchen 52
Ingwerbrot 134

J

Joghurt
Birnen-Joghurt-Kuchen mit Minz-Joghurt 116
Gewürzbirnen mit Joghurt und Pistazien 71
Joghurteiscreme 159
Joghurt-Zitrus-Kuchen mit frischen Kirschen 106

K

Kaffee-Schokoladen-Eiscreme 172
Kahlua-Creme 119
Kandierte Walnüsse 177
Karamell
Balsamico-Karamell-Eiscreme 165
Erdnuss-Karamell-Eiscreme 169
Karamellblättchen 178
Karamell-Eiscreme mit Pistazien-Baklava 166
Karamellfüllung 181
Karamellisierte Birnenterrine mit Milcheiscreme und Ingwerbrot 134
Karamell-Soufflés 145
Macadamia-Torteletts mit Karamellfüllung 109
Noilly-Prat-Karamell 129
Nugatsorbet mit dunkler Schokoladensauce, Sahnekaramell und Erdnüssen 171
Kirschen
Arme Ritter mit frischen Kirschen und Mascarpone 38
Clafoutis mit Kirschen und Mandeln 48
Joghurt-Zitrus-Kuchen mit frischen Kirschen 106
Kirsch-Coulis 180
Kirsch-Focaccia 101
Valpolicella-Kirschen mit Joghurteiscreme 75
Kleine Schokoladenfondants mit Minz-Schokoladen-Eiscreme 24
Kleingebäck
Biscotti 176
Glasgebäck 161
Hafer-Tuiles 130
Himbeer-Tuiles 28
Ingwerbrot 134
Pain d'épice 76
Pistazien-Baklava 166
Savoiardi 144
Sesamwaffeln 129
Shortbread 90
Tuiles 183
Knuspriges Sandwich mit Schokoladen-Haselnuss-Eiscreme 14
Kokosparfait und Ananassorbet auf Ananas-Limetten-Salsa 141
Krokant 86
Krokant-Semifreddo mit frischen Himbeeren 65
Walnusskrokant 184
Kuchen und Torten
Apfel-Quitten-Tarte mit Mandeln 120
Apfel-Rhabarber-Pie mit Calvadossahne 97
Bananen-Passionsfrucht-Pizza 102
Birnen-Joghurt-Kuchen mit Minz-Joghurt 116
Blutorangen-Mandel-Küchlein 94
Espressokuchen mit Kahlua-Creme 119
Feigen-Tarte-Tatin mit Amaretto-Mascarpone 33
Feiner Schokoladenkuchen mit Himbeeren und Sahne 10
Gestürzter Birnen-Ingwer-Kuchen 52

Joghurt-Zitrus-Kuchen mit frischen Kirschen 106
Haselnussbaiser mit Himbeer-Mousse 148
Heidelbeerbiskuit mit Crème Chantilly 113
Kirsch-Focaccia 101
Kleine Schokoladenfondants mit Minz-Schokoladen-Eiscreme 24
Macadamia-Torteletts mit Karamellfüllung 109
Mandarinentarte 105
Mandelbaisertorte mit Schokoladen-Espresso-Füllung 21
Mango-Torteletts mit Macadamianuss-Eiscreme 98
Mangoldquiche mit Rosinen und Pinienkernen 114
Mürbeteigboden 177
Pinienkern-Tarte mit Orangen-Crème-fraîche und Rosinensirup 124
Rhabarberbiskuit 37
Sachertorte 27
Schokoladen-Cointreau-Tarte 23
Schokoladen-Kahlua-Torte 20
Süßkartoffelkuchen mit Honig-Zimt-Sahne 123
Trauben-Mandel-Tarte 110

L

Lakritzparfait, Mangosorbet und Sesamwaffeln 129
Litschi-Minz-Granita mit Glasgebäck 161
Litschi-Mousse mit Ananas und Passionsfrucht 72

M

Macadamianuss-Eiscreme 168
Macadamia-Torteletts mit Karamellfüllung 109
Mandarinen-Bavaroise mit Mandarinengelee 80
Mandarinencreme 69
Mandarinentarte 105
Mandeln
Apfel-Quitten-Tarte mit Mandeln 120
Blutorangen-Mandel-Küchlein 94
Clafoutis mit Kirschen und Mandeln 48
Mandelbaisertorte mit Schokoladen-Espresso-Füllung 21
Nugat-Glacé mit Haselnüssen und Mandeln 152
Trauben-Mandel-Tarte 110
Mango-Torteletts mit Macadamianuss-Eiscreme 98
Mangoldquiche mit Rosinen und Pinienkernen 114
Minz-Schokoladen-Eiscreme 173
Mousse
Espresso-Cognac-Mousse mit Shortbread 90
Himbeer-Mousse 148
Litschi-Mousse mit Ananas und Passionsfrucht 72
Mousse aus weißer Schokolade mit Himbeersorbet und Himbeer-Tuiles 28
Mürbeteigboden 177

N

Nektarinen mit feiner Teigkruste 47
Noilly-Prat-Karamell 129
Nugat-Glacé mit Haselnüssen und Mandeln 152
Nugatsorbet mit dunkler Schokoladensauce, Sahnekaramell und Erdnüssen 171

O

Orangen
Blutorangen-Mandel-Küchlein 94
Orangen-Crème-fraîche 124
Orangenkaramell 86
Orangensirup 151

P

Pain d'épice 76
Panna-cotta, Apfelgelee und Calvados- 58
Parfait
Bananen-Rum-Parfait 86
Honig-Ziegenkäse-Parfait mit kandierten Walnüssen und Feigenchips 137
Honigparfait mit karamellisierten Pflaumen und Pistazien 62
Kokosparfait und Ananassorbet auf Ananas-Limetten-Salsa 141
Lakritzparfait, Mangosorbet und Sesamwaffeln 129
Nugat-Glacé mit Haselnüssen und Mandeln 152
Passionsfrucht-Parfait 85
Passionsfrucht
Bananen-Passionsfrucht-Pizza 102
Litschi-Mousse mit Ananas und Passionsfrucht 72
Passionsfruchteiscreme 163
Passionsfruchteiscreme mit Sesamwaffeln 61
Passionsfrucht-Parfait 85
Passionsfrucht-Soufflés mit Passionsfruchteiscreme 147
Pfirsiche
Gebackene Pfirsiche mit Amaretti-Streuseln 34
Scheiterhaufen mit Pfirsichen und weißer Schokolade 55
Vanillepfirsiche mit gerösteter Brioche und Mascarpone 138
Pistazien
Gewürzbirnen mit Joghurt und Pistazien 71
Pistazien-Baklava 166
Pinienkern-Tarte mit Orangen-Crème-fraîche und Rosinensirup 124
Pizza, Bananen-Passionsfrucht- 102
Pochierte Quitten 181

Pudding
Dattel-Walnuss-Pudding mit Karamellsauce 55
Gedämpfter Ingwer-Orangen-Pudding 44
Gedämpfter Quitten-Ingwer-Pudding 43
Gedämpfter Schokoladen-Rum-Pudding 18
Gedämpfter Zitronenpudding mit Crème-fraîche-Eiscreme 41
Gewürzpudding mit Backpflaumen und Armagnac-Sauce 42

Q
Quitten
Apfel-Quitten-Tarte mit Mandeln 120
Gedämpfter Quitten-Ingwer-Pudding 43
Pochierte Quitten 181
Quitten-Trifle 142

R
Rhabarber
Apfel-Rhabarber-Pie mit Calvadossahne 97
Rhabarberbiskuit 37
Rosinensirup 124
Rotweinbirnen mit Pain d'épice 76
Rumkaramell 98

S
Sachertorte 27
Safran
Crema catalana mit Safran 66
Saucen
Armagnac-Sauce 42
Dunkle Schokoladensauce 171
Karamellsauce 54
Schokoladensauce 18
Savoiardi 144
Scheiterhaufen mit Pfirsichen und weißer Schokolade 55
Schokolade
Erdbeer-Schokoladen-Lollipops 17
Feiner Schokoladenkuchen mit Himbeeren und Sahne 10
Gedämpfter Schokoladen-Rum-Pudding 18
Kaffee-Schokoladen-Eiscreme 172
Kleine Schokoladenfondants mit Minz-Schokoladen-Eiscreme 24
Mandelbaisertorte mit Schokoladen-Espresso-Füllung 21
Minz-Schokoladen-Eiscreme 173
Mousse aus weißer Schokolade mit Himbeersorbet und Himbeer-Tuiles 28
Sachertorte 27
Scheiterhaufen mit Pfirsichen und weißer Schokolade 55
Schokoladen-Cointreau-Tarte 23
Schokoladen-Haselnuss-Eiscreme 164
Schokoladen-Kahlua-Torte 20
Schokoladen-Marquise mit Crème anglaise und Mandel-Tuiles 13
Schokoladensauce 171
Schokoladenwaffeln 14
Sesamwaffeln 129
Shortbread 90
Sirup
Balsamicosirup 28
Feigensirup 130
Frangelico-Sirup 14
Fruchtsirup 152
Kokossirup 141
Mandarinensirup 80
Orangensirup 151
Rosinensirup 124
Sorbet
Ananassorbet 158
Fruchtsorbet 158
Nugatsorbet mit dunkler Schokoladensauce, Sahnekaramell und Erdnüssen 171
Sorbet aus grünen Äpfeln mit Apfelchips 156
Soufflé
Karamell-Soufflés 145
Passionsfrucht-Soufflés mit Passionsfruchteiscreme 147
Süßkartoffelkuchen mit Honig-Zimt-Sahne 123

T
Trauben-Mandel-Tarte 110
Trifle
Erdbeer-Trifle 68
Quitten-Trifle 142
Tuiles 183

V
Valpolicella-Kirschen mit Joghurteiscreme 75
Vanilleeiscreme 162
Vanillepfirsiche mit gerösteter Brioche und Mascarpone 138
Vanillereis mit Zimtäpfeln 83

W
Walnüsse
Dattel-Walnuss-Pudding mit Karamellsauce 55
Honig-Ziegenkäse-Parfait mit kandierten Walnüssen und Feigenchips 137
Kandierte Walnüsse 177
Walnusskrokant 184

Z
Zabaione mit Savoiardi 144
Zimtäpfel 83
Zitronen
Feine Zitronencreme 82
Gedämpfter Zitronenpudding mit Crème-fraîche-Eiscreme 41
Zuccotto, gefrorener 151

Unser Verlagsprogramm finden Sie unter www.christian-verlag.de

Übersetzung aus dem Englischen: Natascha Afanassjew
Textredaktion und Satz: Carmen Söntgerath
Korrektur: Dr. Michael Schenkel
Umschlaggestaltung: Caroline Daphne Georgiadis, Daphne Design

ISBN 978-3-88472-927-4

Die Originalausgabe mit dem Titel *Decadence* wurde erstmals 2008 von Murdoch Books Pty Limited veröffentlicht.

Fotos: Jared Fowler
Konzept und Design: Anne Barton
Styling: Cherise Koch
Dank an Kova Pty Ltd, Brisbane, für die großzügige Versorgung mit Töpferwaren für die Fotoproduktion.

e'cco
100 Boundary St
(Corner Adelaide St)
Brisbane Qld 4000
Telefon + 61 7 38 31 83 44
Fax + 61 7 38 31 84 60
mail @eccobistro.com
www.eccobistro.com

Die Deutsche Bibliothek – CIP Einheitsaufnahme
Ein Titeldatensatz für diese Publikation ist bei der Deutschen Bibliothek erhältlich.

Printed in China by Midas Printing (Asia) Ltd